# Constitución española

# Biblioteca de Textos Legales

CONSEJO ASESOR

Ignacio Arroyo Martínez
Rodrigo Bercovitz Rodríguez-Cano
Enrique Gimbernat Ordeig
Juan Martín Queralt

# Constitución española

Incluye la Ley Orgánica del Tribunal Constitucional

Edición preparada por
LUIS LÓPEZ GUERRA
Catedrático de Derecho Constitucional
de la Universidad Carlos III de Madrid
y ALEJANDRO SAIZ ARNAIZ
Catedrático de Derecho Constitucional
de la Universitat Pompeu Fabra de Barcelona

VIGÉSIMA NOVENA EDICIÓN

tecnos

1.ª edición, 1983
29.ª edición, septiembre 2025 (edición cerrada en junio 2025)

Diseño de cubierta: J. M. Domínguez y J. Sánchez Cuenca

Prólogo, notas e índices © Luis López Guerra y Alejandro Saiz Arnaiz, 2025
Edición © EDITORIAL TECNOS (GRUPO ANAYA, S.A.), 2025
Valentín Beato, 21 - 28037 Madrid

PAPEL DE FIBRA
CERTIFICADA

ISBN: 978-84-309-9304-8
Depósito Legal: M-14246-2025

Printed in Spain

# ÍNDICE SISTEMÁTICO

# INTRODUCCIÓN

## I. LA CONSTITUCIÓN Y SU RELACIÓN CON LAS DEMÁS NORMAS

Por primera vez en la historia de España, un texto constitucional de signo inequívocamente democrático ha podido mantener su vigencia durante un dilatado período —que ya ha alcanzado los cuatro decenios— mostrando no sólo una notable estabilidad en sus contenidos, sino también una innegable capacidad para conseguir que los mandatos y principios integrados en su texto se traduzcan, efectivamente, a la realidad jurídica y social. A diferencia de lo ocurrido en múltiples ocasiones, en nuestro país y en otros, la Constitución ha podido convertirse, en gran parte, en Derecho vivido, inserto en la práctica y en la cultura jurídica, no sólo de los poderes públicos sino también de los ciudadanos, convirtiendo en realidad la tajante proclamación de su artículo 9.1: «Los ciudadanos y los poderes públicos están sujetos a la Constitución y al resto del ordenamiento jurídico.» La Constitución se ha revelado, ciertamente, como parte del ordenamiento, y, además, como parte determinante.

Esta pertenencia de la Constitución al ordenamiento, y su consecuente consideración como norma, y no como mera proclamación de principios u objetivos, exige determinar cuál sea la relación entre normas constitucionales y el resto de las normas jurídicas, y cuál sea su campo respectivo de actuación. Y, a la hora de llevar a cabo esa tarea, no basta con afirmar que la Constitución es una norma superior a las demás, o con destacar la supremacía constitucional sobre el resto del ordenamiento.

Primeramente porque —como muestra la difícil tarea del Tribunal Constitucional, y la necesidad de motivar extensamente sus decisiones— no resulta inmediatamente evidente en qué consiste esa superioridad o supremacía en cada caso concreto, o, en otras palabras, con qué intensidad se encuentra vinculado el legislador por los mandatos constitucionales. Pero, además, porque el ordenamiento constitucional debe integrarse en el ordenamiento internacional, tanto en su dimensión general o universal como, con mayor incidencia, en el ámbito regional europeo. Ello particularmente en lo referente a los derechos de la persona (como resulta de la ratificación por España de acuerdos internacionales sobre la materia, y señaladamente el Convenio Europeo de Derechos Humanos), y, con consecuencias más amplias, en virtud de la inserción de nuestro país en el proceso de integración que supone la Unión Europea.

Aun cuando muchos preceptos de la Constitución pueden resultar de aplicación directa o inmediata, la gran mayoría de ellos necesita una intermediación del legislador para que puedan resultar efectivamente operativos. Ello conduce a que, como regla general, incidan sobre la misma materia las regulaciones constitucional e infraconstitucional (legal o reglamentaria), lo que, en consecuencia, lleva al planteamiento de la cuestión de la compatibilidad de la legislación ordinaria con la norma constitucional, o, más frecuentemente, a la de si hay en la Constitución «criterios interpretativos» para la adecuada aplicación de la normativa ordinaria.

El problema surge cuando se pretende considerar la Constitución como una norma omnicomprensiva, que establecería directivas aplicables en forma intensa en todos los ámbitos del ordenamiento, y crearía así lo que podría denominarse un «programa legislativo», cuyo no seguimiento supondría la inconstitucionalidad de la norma en cuestión, o, al menos, la necesidad de una «interpretación conforme a la Constitución» que llegase a violentar su texto literal. Y cabe considerar que existirá un problema en este aspecto cuando, en la tarea consistente en el examen de la adecuación constitucional de las normas legislativas, se olviden las consecuencias que se derivan del principio democrático.

La Constitución proclama en su primer artículo el carácter democrático del Estado español. Ello implica, como no podía ser de otro modo, la adopción de un modelo de justificación del orden político que establece, justificación consistente en que la existencia y actuación de los poderes públicos sólo pueden derivar del consentimiento de los ciudadanos. La Constitución es una norma, ciertamente, pero una norma democrática, al menos por dos razones: primeramente, porque ella misma es expresión de la voluntad popular, al haber sido elaborada por la representación del pueblo, y haber sido aprobada en referéndum; en segundo lugar, porque establece un orden democrático, en que el pueblo español se sitúa como fuente última de las decisiones de los poderes públicos. «La soberanía nacional —afirma en su art. 1.2— reside en el pueblo español, del que emanan los poderes del Estado»; y esta justificación democrática del poder se predica no sólo de los poderes estrictamente estatales, sino también de los poderes locales (arts. 140 y 141) y autonómicos (art. 152).

La Constitución, por ello, es expresión de la voluntad popular, pero, desde luego, no agota esa voluntad. La representación del pueblo (ciñéndonos al ámbito estrictamente estatal) mantiene continuamente una actividad que se proyecta tanto en el campo normativo, mediante la emisión de leyes, como en el ejecutivo, mediante la investidura y el control del gobierno. Las normas aprobadas por las Cortes ostentan, por tanto, la misma legitimidad democrática que los preceptos constitucionales; incluso podría estimarse que esas normas reflejan, por la mayor actualidad de su aprobación, una mayor cercanía a la voluntad popular, frente a normas constitucionales aprobadas hace decenios.

La relación de supremacía, pues, entre normas constitucionales y normas postconstitucionales aprobadas por el legislativo no deriva, como es evidente, de una mayor legitimación democrática de las primeras. Es más, aparentemente, la supremacía constitucional representa una excepción al principio democrático, al dificultar considerablemente, y en algún caso imposibilitar, la puesta en práctica de la voluntad popular, si contradice los mandatos constitucionales.

Desde luego, se trata sólo de una apariencia. Pues el funcionamiento de un orden democrático exige la existencia de unas precondiciones que estén dotadas de la estabilidad suficiente como para crear un grado indispensable de certeza, política y jurídica; certeza en la existencia de una comunidad política, certeza en los procedimientos fundamentales que van a seguir los poderes públicos, certeza en el mantenimiento de unas posiciones jurídicas —individuales o de colectivos, extendidas a todos los ciudadanos, o a algunas categorías de ellos— que convierten en valiosa la pertenencia a la comunidad política.

La Constitución es el texto encargado de establecer estas precondiciones esenciales —que derivan de decisiones políticas fundamentales— cuya modificación se rodea de especiales requisitos y garantías, que no son exigidos de la manifestación ordinaria de la voluntad popular y su traducción legislativa. Las normas constitucionales, pues, no representan una negación del principio democrático, puesto que ellas mismas proceden de la voluntad popular y pueden ser alteradas, en último término, por esa voluntad, expresada mediante el procedimiento de reforma constitucional; pero sí representan una modulación de ese principio, al afectar al mecanismo usual de cómputo de las mayorías, y exigir condiciones y plazos extraordinarios para la expresión y constatación de esa voluntad.

La rigidez de las normas constitucionales y, como lógica consecuencia, la imposibilidad de su afectación por la norma legislativa ordinaria confieren pues a la Constitución el carácter de Derecho excepcional, en cuanto sitúan a sus normas fuera de los procedimientos usuales de expresión de la voluntad democrática del pueblo. Por ello, ha podido señalarse en múltiples ocasiones que la Constitución no puede representar un programa que deba «desarrollar» el legislador (de forma que la voluntad democrática quedase, por así decirlo, maniatada, de una vez por todas, por la voluntad expresada por el constituyente), sino que debe considerarse como un cauce, que establece unos límites dentro de los cuales el legislador puede moverse libremente. Como resultado, el examen de la constitucionalidad de las leyes —la verificación de su adecuación a los cánones constitucionales— desde la perspectiva del principio democrático debe realizarse desde una presunción en favor del legislador «ordinario» en cuanto inmediato y expresamente legitimado por la manifestación electoral de la voluntad popular. La «presunción de constitucionalidad» de las leyes no es sólo un requisito para la seguridad jurídica y la certeza en el Derecho, sino también un resultado del mismo principio de justificación democrática del poder.

Ello puede explicar la tendencia (presente no sólo en España, sino en otros países europeos) que muestra en forma cada vez más visible la jurisdicción constitucional, en el sentido de aparecer progresivamente como intérprete, más que como defensora de la Constitución. Aun cuando, ciertamente, conserve esta última función, consistente en evitar que la acción legislativa se salga de los cauces constitucionales, la experiencia indica que la labor de los Tribunales Constitucionales se centra cada vez menos en la corrección de la acción del legislativo (mediante la declaración de inconstitucionalidad de las leyes) y cada vez más en la orientación de los poderes públicos en la aplicación de la Ley conforme con la Constitución, particularmente en aspectos procesales, y relativos a la garantía de los derechos de los ciudadanos. Ello puede explicar el peso de los procedimientos de amparo dentro de la carga que hoy asume el Tribunal Constitucional español, frente a la relativamente menor importancia, al menos en términos cuantitativos, de los procedimientos de control de constitucionalidad de normas; e incluso, dentro de éstos, la creciente relevancia de las cuestiones de inconstitucionalidad, que, si representan un reproche al legislador, revisten en gran parte un carácter «técnico», al suscitarse sólo en el curso de procedimientos judiciales concretos.

## II. CONSTITUCIÓN Y ESTADO DE LAS AUTONOMÍAS

Esta cualidad de norma-cauce, que hace posible la existencia de opciones legislativas alternativas, que no representan propiamente un «desarrollo» de la Constitución, sino la puesta en vigor de alguna de las múltiples posibilidades que abarca, se hace evidente en lo que se refiere a la ordenación territorial del Estado y, más precisamente, a la ordenación de lo que se ha denominado «el Estado de las Autonomías». La Constitución, desde luego, en su Título VIII, «De la organización territorial del Estado», no dibuja, ni mucho menos, un mapa preciso sobre cómo deben configurarse las Comunidades Autónomas, ni sobre cuántas deben constituirse, ni sobre qué competencias deben asumir. Se limita a establecer un marco que, con posterioridad a la aprobación del texto constitucional, se ha visto completado, paulatinamente, por una serie de fórmulas concretas de organización, diseñadas por los Estatutos de Autonomía, por las normas estatales, y por la jurisprudencia del Tribunal Constitucional dictada con ocasión de procedimientos de inconstitucionalidad y conflictos de competencias, serie de fórmulas que ha dado lugar a la actual configuración del Estado, respondiendo a iniciativas que han sido respaldadas por la voluntad popular manifestada por las Cortes Generales, por los Parlamentos autonómicos y por las consultas referendarias que se han llevado a cabo.

Es verdad que el grado de «apertura» de los preceptos constitucionales en lo que se refiere a la ordenación territorial del Estado se ha ido reduciendo progresivamente, al producirse situaciones muy probablemente irreversibles, que han dado lugar a un Estado de las Autonomías que encarna sólo una de las posibilidades que cabían dentro de la Constitución. Se ha generado así lo que pudiera denominarse un «acervo autonómico», un conjunto de situaciones jurídicas que, sin ser expresamente queridas por la Constitución, han arraigado de tal forma que han adquirido un *status* cuasiconstitucional. Integrados en ese acervo autonómico se hallarían elementos tales como la total organización del territorio español en Comunidades Autónomas; la asunción por todas ellas de un nivel de autonomía política, incluyendo competencias legislativas; la ampliación del techo competencial a los niveles máximos permitidos por el artículo 149.1 de la Constitución; la casi completa igualación competencial entre Comunidades Autónomas, con escasas diferencias derivadas de factores histórico-culturales especialmente arraigados (los famosos «hechos diferenciales»), y, finalmente, la práctica renuncia al procedimiento de «armonización» del artículo 150.3 CE, tras la Sentencia 76/1983 del Tribunal Constitucional en el caso LOAPA.

No es menos cierto que ese modelo territorial se encuentra sometido en los últimos años a considerables críticas y desafíos, sobre todo a partir de la Sentencia 31/2010 del Tribunal Constitucional sobre el Estatuto de Autonomía de Cataluña, que vino a establecer severos límites a la posible apertura del sistema. Queda hoy por ver si se producirá una respuesta a esos desafíos que haga compatible el mantenimiento del orden constitucional con su adaptación a nuevas necesidades y demandas. Por un lado, siguen abiertas líneas de evolución dentro de la propia Constitución, como pudieran ser la posibilidad de modulación de las normas básicas estatales, precisando y posiblemente extendiendo las competencias «de desarrollo» de las Comunidades Autónomas, o bien la aplicación de las previsiones del artículo 150.2 de la Constitución, que permite la transferencia o delegación, mediante leyes orgánicas, a las Comunidades Autónomas de «facultades correspondientes a materias de titularidad estatal que por su propia naturaleza sean susceptibles de transferencia o delegación». Pero, al tiempo, no faltan propuestas de reforma de la Constitución en estas materias, incluyendo la adopción de un modelo federal. Queda por ver en qué quedan todas estas propuestas. Valga señalar en todo caso que una reforma constitucional del modelo territorial español afectaría, no sólo a los poderes y competencias de las Comunidades Autónomas sino también, y profundamente a las instituciones del Estado (piénsese, por ejemplo, en el papel del Senado) y aún a la misma estructura del sistema de fuentes, si efectivamente se optara por un modelo federal.

## III.   APERTURA DE LA CONSTITUCIÓN Y REFORMA CONSTITUCIONAL

Tanto en el ámbito, pues, de la organización territorial del Estado como en otros aspectos, la Constitución se configura como un orden abierto en que caben líneas políticas alternativas. Pero, desde luego, esa apertura constitucional tiene un límite: el que representan las propias disposiciones constitucionales en cuanto precondiciones, estimadas indispensables por el constituyente, para la misma existencia de una comunidad política democrática. Del acierto de los constituyentes de 1978 en la apreciación de esas precondiciones da fe la pervivencia del texto constitucional (*rara avis* en nuestra Historia) y el hecho de que, durante su largo período de vigencia, el texto constitucional haya sido reformado escasas veces. Ello muestra que el consenso constitucional alcanzado en 1978 reflejaba no sólo un mero acuerdo entre las fuerzas políticas protagonistas del momento, sino también una cultura del pacto predominante en la sociedad española respecto de los principios fundamentales de la organización del Estado.

Aun así, ello no debe llevar a una excesiva mitificación del texto constitucional. Como proclamaba el artículo 28 de la Constitución jacobina de 1793, «un pueblo siempre tiene el derecho de revisar, de reformar y de cambiar su Constitución. Una generación no puede sujetar a sus leyes a las generaciones futuras». El transcurso del tiempo puede suponer cambios significativos tanto en el plano interno como en el internacional, que conviertan a algunas disposiciones constitucionales en corsés excesivamente rígidos o, por el contrario, en espacios de actuación indebidamente amplios para los poderes públicos. Ante ello, los procedimientos de reforma constitucional aparecen como fórmulas para, conservando el cuerpo general de la Constitución y sus principios esenciales, modificar o desprenderse de los mandatos que se hayan revelado como innecesarios o perjudiciales.

No es, por tanto, de extrañar que progresivamente el horizonte de la reforma constitucional se vaya configurando como una posibilidad abierta, con toda normalidad, dentro del desarrollo político y jurídico de la comunidad española. Un relevante toque de atención al respecto fue el Informe del Consejo de Estado sobre modificaciones de la Constitución española, de 16 de febrero de 2006, que señalaba una serie de aspectos en que sería recomendable una puesta al día de la Constitución. Y, con posterioridad, sus indicaciones se han visto confirmadas al menos en dos aspectos. Por un lado, y en lo que se refiere a la organización territorial del Estado, por la determinación de los límites de la «apertura constitucional» que ha supuesto la citada Sentencia 31/2010 del Tribunal

Constitucional sobre el Estatuto de Cataluña. Y, en segundo lugar, en lo que atañe, en la práctica, a la inserción de España en el proceso de integración europea, por la reforma del artículo 135 de la Constitución de 27 de septiembre de 2011: reforma que, como expresamente manifiesta su Exposición de Motivos, deriva de las exigencias del «compromiso de España con la Unión Europea». Se hace así referencia a la que probablemente será la cuestión más relevante para nuestro futuro constitucional: la inserción de la comunidad política española en el seno de una comunidad supranacional.

## IV. CONSTITUCIÓN Y UNIÓN EUROPEA

Como ya pudieron prever los constituyentes (aunque quizás sin poder intuir el alcance del proceso), la comunidad política española se enfrentaba en 1978 con una cuestión que había permanecido larvada en la fase predemocrática: la inserción de España en las instituciones supranacionales creadas a lo largo del proceso de integración europea. Los constituyentes, a través del artículo 93 de la Constitución («Mediante Ley Orgánica se podrá autorizar la celebración de tratados por los que se atribuya a una organización o institución internacional el ejercicio de competencias derivadas de la Constitución»), hicieron posible —con el empleo, de nuevo, de una fórmula de «apertura constitucional» que pudiera equipararse, *mutatis mutandis*, a la introducida por el art. 150.2 CE, a que ya se ha hecho referencia— que la integración en la Comunidad Europea, con la transferencia de competencias que suponía, se llevara a cabo sin necesidad de una reforma constitucional, a pesar de que tal integración, sin duda, implicaba una notable alteración del reparto constitucional de poderes. Pero es posiblemente en este aspecto donde mayores problemas se presentan para determinar el alcance de la técnica de «apertura constitucional»; en concreto, para determinar hasta qué punto el artículo 93 CE permite al legislador (aunque se trate del legislador orgánico) afectar el ordenamiento constitucional preexistente.

El ritmo acelerado del proceso de integración europea ha mostrado que el trasvase de poderes de los Estados miembros a los órganos de la Unión puede incidir en los elementos hasta ahora considerados más definitorios de la misma esencia del Estado: la moneda, la política económica y —crecientemente, aun sin llegar al máximo nivel de integración— la justicia y la política exterior y de defensa. Y la cuestión que se plantea tiene un doble frente: ¿hasta qué punto las manifestaciones del proceso de integración europea son asumibles desde las previsiones del artículo 93 CE?, y, por otro lado, y desde una perspectiva material, ¿existen unos límites constitucionales implícitos a la integración de España en la Unión Europea?

Por lo que se refiere al primer aspecto, tuvo su primera expresión con ocasión del Tratado de Maastricht, alguna de cuyas disposiciones parecía contradecir directamente un mandato constitucional, concretamente el contenido en el artículo 13.2 CE. El Tribunal Constitucional, en su Declaración de 1 de julio de 1992, tuvo oportunidad (si bien limitada) de señalar los límites del artículo 93 CE en cuanto a su capacidad habilitadora para la alteración de las disposiciones constitucionales: en el caso concreto que se le planteaba, se pronunció afirmando la necesidad de una reforma constitucional previa a la ratificación del Tratado, ya que éste contradecía mandatos constitucionales sin que tal contradicción fuera incluible en la fórmula de «atribución a una institución internacional de competencias constitucionales».

Con ello venía a reafirmar la dimensión de la Constitución como texto que establece precondiciones fundamentales para la misma existencia de una comunidad política democrática, precondiciones que sólo podrán alterarse o modificarse de manera consciente y formal, sin que pueda dejarse esa alteración o modificación al legislador ni siquiera en virtud de una habilitación como la del artículo 93 CE. Los mandatos constitucionales sólo podrán verse alterados (fuera de los restringidos límites en que opera el art. 93 CE) si media un proceso más riguroso que el exigido para la actividad legislativa, proceso que podrá incluir, en su caso, la intervención directa del pueblo mediante referéndum.

En una ocasión posterior, mediante su Declaración 1/2004 sobre el (nonato) Tratado por el que se establecía una Constitución para Europa, el Tribunal pudo precisar la relación entre la Constitución y el Derecho de la Unión Europea, estableciendo que la primacía del Derecho europeo no contradecía la supremacía constitucional, por cuanto que ésta versaba sobre relaciones de jerarquía normativa, y aquélla sobre supuestos de prioridad en la aplicación de las normas.

Las citadas Declaraciones del Tribunal Constitucional dejan aún abierta la pregunta de hasta dónde llega la apertura constitucional del artículo 93 CE, y, aún más, si no sería conveniente, habida cuenta de la intensificación del ritmo de la integración europea (intensificación quizás imprevisible en 1978), el ampliar la habilitación que el artículo 93 lleva a cabo en favor del legislador, para evitar el recurso frecuente a la reforma constitucional. No han faltado voces autorizadas en favor de una reforma, esta vez del mismo artículo 93 CE, que posibilite una mayor flexibilidad en la cesión de competencias a las instancias de la Unión en virtud del proceso de integración supranacional europea.

Ahora bien (y éste es el segundo aspecto de la cuestión), ¿hasta dónde puede llegar la flexibilización de la «apertura constitucional», sin poner en peligro la misma esencia y fundamento de la Constitución? Idealmente, sería posible una reforma constitucional que introdujera una cláusula según la cual el legislador —ordinario u orgánico— quedara habilitado para autorizar cualquier transferencia de competencias a una autoridad supranacional dentro del proceso de integración europea. Ahora bien, cabría preguntarse en tal caso si la Constitución misma seguiría existiendo.

En efecto, y como se indicó al principio de esta introducción, la única justificación aceptable de un orden político es el consentimiento de los ciudadanos; y la justificación de la Constitución reside en que pone los fundamentos que hacen posible el orden político democrático. Ahora bien, dejar en manos del legislador del momento toda decisión sobre esos fundamentos (aun cuando fuere sólo en supuestos relacionados con la integración europea) vendría a implicar, por un lado, una fragilidad considerable de las bases de la comunidad política, que serán susceptibles de verse radicalmente afectadas, incluso en sus principios esenciales, en virtud de una adhesión a una organización supranacional; por otro, situaría en una situación de incertidumbre el mismo mantenimiento de los valores democráticos, pues éstos pudieran verse afectados por una cesión de competencias a una organización de características (al menos en los momentos actuales) dudosamente democráticas.

Una «apertura constitucional» más amplia al proceso de integración europea no puede, pues, por menos de tener en cuenta los límites implícitos que derivan del mismo concepto de Constitución y, en el caso español, de las características de la Constitución española, límites que en último término pudieran resumirse como la garantía del mantenimiento estable de unas condiciones que aseguren la pervivencia de la comunidad política y del orden democrático. El papel de la Constitución (y más aún mientras perviva el «déficit democrático» de las instituciones europeas) seguirá siendo, en el futuro previsible, el de mantener unos principios de convivencia y organización política que las organizaciones supranacionales emergentes aún no son capaces de asegurar.

Respecto a las características de la presente edición, se ha incluido el texto de la Ley Orgánica del Tribunal Constitucional, como norma estrechamente vinculada a la misma defensa y garantía de la Constitución. Por otro lado, se incluye una nota adicional relativa a los Estatutos de Autonomía, y las reformas que han experimentado, en cuanto normas que integran en forma señalada el llamado «bloque de constitucionalidad».

## ABREVIATURAS

| | |
|---|---|
| *B.O.E.* | *Boletín Oficial del Estado.* |
| CC.AA. | Comunidades Autónomas. |
| C.C. | Código Civil. |
| C.P. | Código Penal. |
| D. | Decreto. |
| E.A.C. | Estatuto de Autonomía de Cataluña. |
| E.A.C.V. | Estatuto de Autonomía de la Comunidad Valenciana. |
| E.A.G. | Estatuto de Autonomía de Galicia. |
| E.A.P.V. | Estatuto de Autonomía del País Vasco. |
| L.E.Cr. | Ley de Enjuiciamiento Criminal. |
| L.O. | Ley Orgánica. |
| R.D. | Real Decreto. |
| R.D.-L. | Real Decreto-Ley. |
| S.T.C. | Sentencia del Tribunal Constitucional. |

# CONSTITUCIÓN ESPAÑOLA

DE 27 DE DICIEMBRE DE 1978
(*B.O.E.* núm. 311.1, de 29 de diciembre de 1978)

Don Juan Carlos I, Rey de España, a todos los que la presente vieren y entendieren,

Sabed: Que las Cortes han aprobado y el pueblo español ratificado la siguiente Constitución:

## PREÁMBULO

La Nación española, deseando establecer la justicia, la libertad y la seguridad y promover el bien de cuantos la integran, en uso de su soberanía, proclama su voluntad de:

Garantizar la convivencia democrática dentro de la Constitución y de las leyes conforme a un orden económico y social justo.

Consolidar un Estado de Derecho que asegure el imperio de la ley como expresión de la voluntad popular.

Proteger a todos los españoles y pueblos de España en el ejercicio de los derechos humanos, sus culturas y tradiciones, lenguas e instituciones.

Promover el progreso de la cultura y de la economía para asegurar a todos una digna calidad de vida.

---

La Constitución fue aprobada el 31 de octubre de 1978 por votación de los respectivos Plenos del Congreso de los Diputados y del Senado. El 6 de diciembre de 1978 fue ratificada por referéndum. El Rey sancionó y promulgó la Constitución el 27 de diciembre, y fue publicada en el *Boletín Oficial del Estado* el día 29 del mismo mes, entrando en vigor, según establece su Disposición Final, el mismo día de su publicación.

Establecer una sociedad democrática avanzada, y

Colaborar en el fortalecimiento de unas relaciones pacíficas y de eficaz cooperación entre todos los pueblos de la Tierra.

En consecuencia, las Cortes aprueban y el pueblo español ratifica la siguiente

# CONSTITUCIÓN

## TÍTULO PRELIMINAR

### Artículo 1.º

1. España se constituye en un Estado social y democrático de Derecho, que propugna como valores superiores de su ordenamiento jurídico la libertad, la justicia, la igualdad y el pluralismo político.

2. La soberanía nacional reside en el pueblo español, del que emanan los poderes del Estado.

3. La forma política del Estado español es la Monarquía parlamentaria.

### Artículo 2.º

La Constitución se fundamenta en la indisoluble unidad de la Nación española, patria común e indivisible de todos los españoles, y reconoce y garantiza el derecho a la autonomía de las nacionalidades y regiones que la integran y la solidaridad entre todas ellas.

---

*Art. 1.º*  El art. 543 del C.P. tipifica como delito los ultrajes a España, a sus Comunidades Autónomas o a sus símbolos o emblemas.

*Art. 2.º*  Ver los arts. 472.5 y 475 del C.P. que protegen la integridad de la Nación Española. También, ver art. 543 del mismo C.P.

### Artículo 3.º

1.　El castellano es la lengua española oficial del Estado. Todos los españoles tienen el deber de conocerla y el derecho a usarla.

2.　Las demás lenguas españolas serán también oficiales en las respectivas Comunidades Autónomas de acuerdo con sus Estatutos.

3.　La riqueza de las distintas modalidades lingüísticas de España es un patrimonio cultural que será objeto de especial respeto y protección.

### Artículo 4.º

1.　La bandera de España está formada por tres franjas horizontales, roja, amarilla y roja, siendo la amarilla de doble anchura que cada una de las rojas.

---

*Art. 3.º*　Para las lenguas españolas distintas del castellano, E.A.P.V., art. 6; E.A.C., art. 6; E.A.G., art. 5; E.A.C.V., art. 6; L.O. de Amejoramiento del Régimen Foral de Navarra, art. 9; Estatuto de Autonomía para Asturias, art. 4; Estatuto de Autonomía para las Illes Balears, art. 3; Estatuto de Autonomía de Andalucía, art. 10.3.4.º; Estatuto de Autonomía de Aragón, art. 7. La regulación del uso de las diversas lenguas cooficiales es muy numerosa. Para el Poder Judicial, L.O. 6/1985, de 1 de julio, del Poder Judicial, art. 231; para la Administración, Ley 39/2015, de 1 de octubre, del Procedimiento Administrativo Común de las Administraciones Públicas, art. 15; para las disposiciones legislativas, R.D. 489/1997, de 14 de abril, sobre publicación de las leyes en las lenguas cooficiales de las Comunidades Autónomas; para la Administración local, R.D. 1111/1979, de 10 de mayo, sobre el empleo de las distintas lenguas españolas en las actuaciones de las Corporaciones Locales; para la Administración militar, Orden de 17 de junio de 1987. En el Congreso de los Diputados, art. 6.3 y concordantes de su Reglamento; en el Senado, art. 20.3 y otros de su Reglamento.

*Art. 4.º*　El R.D. 441/1981, de 27 de febrero, especifica los colores de la Bandera de España. Para el uso de la Bandera de España (y otras) v. la Ley 39/1981, de 28 de octubre, así como R.D. 2335/1980, de 10 de octubre, para buques.

Ver Ley 33/1981, de 5 de octubre, sobre el Escudo de España. El modelo oficial de Escudo de España se fijó por R.D. 2964/1981, de 18 de diciembre.

2. Los Estatutos podrán reconocer banderas y enseñas propias de las Comunidades Autónomas. Éstas se utilizarán junto a la bandera de España en sus edificios públicos y en sus actos oficiales.

## Artículo 5.º

La capital del Estado es la villa de Madrid.

## Artículo 6.º

Los partidos políticos expresan el pluralismo político, concurren a la formación y manifestación de la voluntad popular y son instrumento fundamental para la participación política. Su creación y el ejercicio de su actividad son libres dentro del respeto a la Constitución y a la ley. Su estructura interna y funcionamiento deberán ser democráticos.

---

El R.D. 1560/1997, de 10 de octubre, regula el Himno Nacional. La Ley 18/1987, de 30 de julio, establece el día de la Fiesta Nacional de España en el 12 de octubre. El R.D. 2964/1983, de 30 de noviembre, establece el día 6 de diciembre como Día de la Constitución.

Para protección penal de la bandera y otros símbolos, ver art. 543 del C.P. También, Ley 39/2007, de 19 de noviembre, de la Carrera Militar, art. 7, sobre la fórmula del juramento de la bandera nacional, y las disposiciones de los distintos Estatutos de Autonomía para las banderas de las diversas CC.AA.

*Art. 5.º* La L.O. 6/1982, de 7 de julio, autoriza, por razones de interés nacional, la constitución de la Comunidad Autónoma de Madrid. Ver también art. 6 de la L.O. 3/1983, de 25 de febrero, Estatuto de Autonomía de la Comunidad de Madrid, y Ley 22/2006, de 4 de julio, de Capitalidad y de Régimen Especial de Madrid.

*Art. 6.º* L.O. 6/2002, de 27 de junio, de Partidos Políticos; L.O. 8/2007, de 4 de julio, sobre Financiación de los Partidos Políticos; L.O. 3/2015, de 30 de marzo, de control de la actividad económico-financiera de los Partidos Políticos.

## Artículo 7.º

Los sindicatos de trabajadores y las asociaciones empresariales contribuyen a la defensa y promoción de los intereses económicos y sociales que les son propios. Su creación y el ejercicio de su actividad son libres dentro del respeto a la Constitución y a la ley. Su estructura interna y funcionamiento deberán ser democráticos.

## Artículo 8.º

1. Las Fuerzas Armadas, constituidas por el Ejército de Tierra, la Armada y el Ejército del Aire, tienen como misión garantizar la soberanía e independencia de España, defender su integridad territorial y el ordenamiento constitucional.

2. Una ley orgánica regulará las bases de la organización militar conforme a los principios de la presente Constitución.

---

*Art. 7.º*  L.O. 11/1985, de 2 de agosto, de Libertad Sindical; Ley 9/1987, de 12 de junio, de órganos de representación, determinación de las condiciones de trabajo y participación del personal al servicio de las Administraciones Públicas.

*Art. 8.º*  L.O. 5/2005, de 17 de noviembre, de la Defensa Nacional; Ley 8/2006, de 24 de abril, de Tropa y Marinería; Ley 39/2007, de 19 de noviembre, de la Carrera Militar; L.O. 8/2014, de 4 de diciembre, de Régimen Disciplinario de las Fuerzas Armadas; R.D. 96/2009, de 6 de febrero, por el que se aprueban las Reales Ordenanzas de las Fuerzas Armadas. Ver L.O. 9/2011, de 27 de julio, de derechos y deberes de los miembros de las Fuerzas Armadas.

## *Artículo 9.º*

1.   Los ciudadanos y los poderes públicos están sujetos a la Constitución y al resto del ordenamiento jurídico.

2.   Corresponde a los poderes públicos promover las condiciones para que la libertad y la igualdad del individuo y de los grupos en que se integra sean reales y efectivas; remover los obstáculos que impidan o dificulten su plenitud y facilitar la participación de todos los ciudadanos en la vida política, económica, cultural y social.

3.   La Constitución garantiza el principio de legalidad, la jerarquía normativa, la publicidad de las normas, la irretroactividad de las disposiciones sancionadoras no favorables o restrictivas de derechos individuales, la seguridad jurídica, la responsabilidad y la interdicción de la arbitrariedad de los poderes públicos.

---

*Art. 9.º*   1.   Ver R.D. 707/1979, de 5 de abril, sobre la fórmula del juramento en cargos y funciones públicas.

2.   Ley 21/1991, de 17 de junio, por la que se crea el Consejo Económico y Social.

3.   Título Preliminar del C.C.; Ley 40/2015, de 1 de octubre, de Régimen Jurídico del Sector Público, arts. 32 y ss.

# TÍTULO PRIMERO

## De los derechos y deberes fundamentales

### *Artículo 10*

1. La dignidad de la persona, los derechos inviolables que le son inherentes, el libre desarrollo de la personalidad, el respeto a la ley y a los derechos de los demás son fundamento del orden político y de la paz social.

2. Las normas relativas a los derechos fundamentales y a las libertades que la Constitución reconoce se interpretarán de conformidad con la Declaración Universal de Derechos Humanos y los tratados y acuerdos internacionales sobre las mismas materias ratificados por España.

---

*Art. 10.* 2. Ver Declaración Universal de Derechos Humanos adoptada y proclamada por la Asamblea General de la O.N.U. el 10 de diciembre de 1948. Instrumento de ratificación de 26 de septiembre de 1979, del Convenio para la Protección de los Derechos Humanos y de las Libertades Fundamentales, hecho en Roma el 4 de noviembre de 1950 y enmendado por los Protocolos números 3 y 5 de 6 de mayo de 1963 y 20 de enero de 1966, respectivamente. Instrumentos de ratificación de los Protocolos al Convenio, Adicional (2 de noviembre de 1990), 4 (28 de agosto de 2009), 7 (28 de agosto de 2008), 12 (25 de enero de 2008), 13 (23 de noviembre de 2004), 14 (3 de marzo de 2006) y 15 (3 de septiembre de 2018). Instrumento de ratificación por España de 13 de abril de 1977, del Pacto Internacional de Derechos Civiles y Políticos, hecho en Nueva York el 19 de diciembre de 1966. Instrumento de ratificación por España de 13 de abril de 1977, del Pacto Internacional de Derechos Económicos, Sociales y Culturales, hecho en Nueva York el 19 de diciembre de 1966. Instrumento de ratificación de 29 de abril de 1980, de la Carta Social Europea, hecha en Turín el 18 de octubre de 1961. Instrumento de ratificación de 26 de julio de 2022, del Protocolo Adicional a la Carta Social Europea.

# CAPÍTULO PRIMERO

## DE LOS ESPAÑOLES Y LOS EXTRANJEROS

### Artículo 11

1. La nacionalidad española se adquiere, se conserva y se pierde de acuerdo con lo establecido por la ley.

2. Ningún español de origen podrá ser privado de su nacionalidad.

3. El Estado podrá concertar tratados de doble nacionalidad con los países iberoamericanos o con aquellos que hayan tenido o tengan una particular vinculación con España. En estos mismos países, aun cuando no reconozcan a sus ciudadanos un derecho recíproco, podrán naturalizarse los españoles sin perder su nacionalidad de origen.

---

*Art. 11.* 1. Ver arts. 17 a 28 del C.C.
3. Hasta hoy, han concertado convenios de doble nacionalidad con España los siguientes Estados iberoamericanos:

| | | | |
|---|---|---|---|
| Chile | 24-V-1958 | ratificado el | 28-X-1958 |
| Perú | 16-V-1959 | ratificado el | 15-XII-1959 |
| Paraguay | 15-VI-1959 | ratificado el | 15-XII-1959 |
| Nicaragua | 25-VI-1961 | ratificado el | 25-I-1962 |
| Guatemala | 28-VII-1961 | ratificado el | 25-I-1962 |
| Bolivia | 12-X-1961 | ratificado el | 25-I-1962 |
| Ecuador | 4-III-1964 | ratificado el | 22-XII-1964 |
| Costa Rica | 8-VI-1964 | ratificado el | 21-I-1965 |
| Honduras | 15-VI-1966 | ratificado el | 23-II-1967 |
| Rep. Dominicana | 15-III-1968 | ratificado el | 16-XII-1968 |
| Argentina | 14-IV-1969 | ratificado el | 2-II-1980 |
| Colombia | 27-VI-1979 | ratificado el | 29-XI-1980 |

## *Artículo 12*

Los españoles son mayores de edad a los dieciocho años.

## *Artículo 13*

1. Los extranjeros gozarán en España de las libertades públicas que garantiza el presente Título en los términos que establezcan los tratados y la ley.

2. Solamente los españoles serán titulares de los derechos reconocidos en el artículo 23, salvo lo que, atendiendo a criterios de reciprocidad, pueda establecerse por tratado o ley para el derecho de sufragio activo y pasivo en las elecciones municipales.

3. La extradición sólo se concederá en cumplimiento de un tratado o de la ley, atendiendo al principio de reciprocidad. Quedan excluidos de la extradición los delitos políticos, no considerándose como tales los actos de terrorismo.

---

*Art. 13.* 1. L.O. 4/2000, de 11 de enero, sobre derechos y libertades de los extranjeros en España, y Reglamento aprobado por R.D. 557/2011, de 20 de abril. También, art. 27 del C.C. sobre derechos civiles de extranjeros en España.

2. Redactado según la Reforma de la Constitución de 27 de agosto de 1992 (*B.O.E.* de 28 de agosto). L.O. 1/1997, de 30 de mayo, de modificación de la L.O. de Régimen Electoral General para la transposición de la Directiva 94/80/CE, de Elecciones Municipales.

3. Convenio Europeo de Extradición, hecho en París el 13 de diciembre de 1957, ratificado por Instrumento de 21 de abril de 1982; L.E.Cr., arts. 824 a 833; Convenio Europeo para la represión del terrorismo, de 27 de enero de 1977, arts. 1 y 2, ratificado por Instrumento de 9 de mayo de 1980; Ley 4/1985, de 21 de marzo, de Extradición Pasiva. Ver Ley 23/2014, de 20 de noviembre, de reconocimiento mutuo de resoluciones penales en la Unión Europea, y L.O. 6/2014, de 29 de octubre, complementaria de la anterior. Ver también nota referente al art. 55.2.

4. La ley establecerá los términos en que los ciudadanos de otros países y los apátridas podrán gozar del derecho de asilo en España.

## CAPÍTULO SEGUNDO

### DERECHOS Y LIBERTADES

### *Artículo 14*

Los españoles son iguales ante la ley, sin que pueda prevalecer discriminación alguna por razón de nacimiento, raza, sexo, religión, opinión o cualquier otra condición o circunstancia personal o social.

---

4. Ver Instrumento de adhesión de España, de 22 de julio de 1978, a la Convención sobre el Estatuto de los Refugiados, hecho en Ginebra, el 28 de julio de 1951, y al Protocolo sobre el Estatuto de los Refugiados, hecho en Nueva York el 31 de enero de 1967; Instrumento de ratificación del Acuerdo Europeo sobre exención de visados para los refugiados, de 20 de abril de 1959; Ley 12/2009, de 30 de octubre, reguladora del derecho de asilo y de la protección subsidiaria; R.D. 557/2011, de 20 de abril, citado.

*Art. 14.* Ver C.P., arts. 510 a 512; Instrumento de ratificación de 16 de diciembre de 1983 de la Convención sobre la eliminación de todas las formas de discriminación contra la mujer, hecha en Nueva York el 18 de diciembre de 1979; L.O. 1/2004, de 28 de diciembre, de Medidas de Protección Integral contra la Violencia de Género; Instrumento de ratificación de 18 de marzo de 2014, del Convenio del Consejo de Europa sobre prevención y lucha contra la violencia contra la mujer y la violencia doméstica, hecho en Estambul el 11 de mayo de 2011; L.O. 3/2007, de 22 de marzo, para la igualdad efectiva de mujeres y hombres; Ley 15/2022, de 12 de julio, integral para la igualdad de trato y la no discriminación; Ley 4/2023, de 28 de febrero, para la igualdad real y efectiva de las personas trans y para la garantía de los derechos de las personas LGTBI, y L.O. 2/2024, de 1 de agosto, de representación paritaria y presencia equilibrada de hombres y mujeres.

## Sección 1.ª

*De los derechos fundamentales y de las libertades públicas*

### Artículo 15

Todos tienen derecho a la vida y a la integridad física y moral, sin que, en ningún caso, puedan ser sometidos a tortura ni a penas o tratos inhumanos o degradantes. Queda abolida la pena de muerte, salvo lo que puedan disponer las leyes penales militares para tiempos de guerra.

### Artículo 16

1. Se garantiza la libertad ideológica, religiosa y de culto de los individuos y las comunidades sin más limitación, en sus manifestaciones, que la necesaria para el mantenimiento del orden público protegido por la ley.

2. Nadie podrá ser obligado a declarar sobre su ideología, religión o creencias.

3. Ninguna confesión tendrá carácter estatal. Los poderes públicos tendrán en cuenta las creencias religiosas de la sociedad española y mantendrán las consiguientes rela-

---

*Art. 15.* Ver C.P., arts. 173 a 177; L.O. 11/1995, de 27 de noviembre, de abolición de la pena de muerte en tiempos de guerra; Convención contra la tortura y otros tratos o penas crueles, inhumanos o degradantes, de 10 de diciembre de 1984 (ratificación por España el 6 de noviembre de 1987); L.O. 2/2010, de 3 de marzo, de salud sexual y reproductiva y de la interrupción voluntaria del embarazo; L.O. 3/2021, de 24 de marzo, de regulación de la eutanasia, y L.O. 10/2022, de 6 de septiembre, de garantía integral de la libertad sexual.

*Art. 16.* 1. L.O. 6/1980, de 5 de julio, de Libertad Religiosa; C.P., arts. 522 a 525; R.D. 594/2015, de 3 de julio, por el que se regula el Registro de Entidades Religiosas.

3. Acuerdo entre el Estado Español y la Santa Sede, de 28 de julio de 1976, ratificado por Instrumento de 19 de agosto de 1976; Acuerdos entre el Estado

ciones de cooperación con la Iglesia Católica y las demás confesiones.

### Artículo 17

1. Toda persona tiene derecho a la libertad y a la seguridad. Nadie puede ser privado de su libertad, sino con la observancia de lo establecido en este artículo y en los casos y en la forma previstos en la ley.

2. La detención preventiva no podrá durar más del tiempo estrictamente necesario para la realización de las averiguaciones tendentes al esclarecimiento de los hechos, y, en todo caso, en el plazo máximo de setenta y dos horas, el detenido deberá ser puesto en libertad o a disposición de la autoridad judicial.

3. Toda persona detenida debe ser informada de forma inmediata, y de modo que le sea comprensible, de sus derechos y de las razones de su detención, no pudiendo ser obligada a declarar. Se garantiza la asistencia de abogado al detenido en las diligencias policiales y judiciales, en los términos que la ley establezca.

---

Español y la Santa Sede sobre Asuntos Jurídicos, Asuntos Económicos, Enseñanza y Asuntos Culturales, y Asistencia Religiosa a las Fuerzas Armadas y Servicio Militar de Clérigos y Religiosos, todos ellos de 3 de enero de 1979 (*B.O.E.* de 15 de diciembre de 1979); Leyes por las que se aprueban Acuerdos de cooperación con la Federación de Entidades Religiosas Evangélicas de España (Ley 24/1992, de 10 de noviembre), con la Federación de Comunidades Israelitas (Ley 25/1992, de 10 de noviembre) y con la Comisión Islámica (Ley 26/1992, de 10 de noviembre).

*Art. 17.* 1 y 2. Ver C.P., arts. 163 a 168 y 530; L.E.Cr., arts. 417 y 489 a 544; L.O. 4/1981, de 1 de junio, de los estados de alarma, excepción y sitio, art. 16; L.O. 4/2015, de 30 de marzo, de protección de la seguridad ciudadana, y Ley 5/2014, de 4 de abril, de Seguridad Privada.

3. L.E.Cr., arts. 118, 520 y 527; L.O. 1/1979, de 26 de septiembre, General Penitenciaria.

4. La ley regulará un procedimiento de *habeas corpus* para producir la inmediata puesta a disposición judicial de toda persona detenida ilegalmente. Asimismo, por ley se determinará el plazo máximo de duración de la prisión provisional.

*Artículo 18*

1. Se garantiza el derecho al honor, a la intimidad personal y familiar y a la propia imagen.

2. El domicilio es inviolable. Ninguna entrada o registro podrá hacerse en él sin consentimiento del titular o resolución judicial, salvo en caso de flagrante delito.

3. Se garantiza el secreto de las comunicaciones y, en especial, de las postales, telegráficas y telefónicas, salvo resolución judicial.

4. La ley limitará el uso de la informática para garantizar el honor y la intimidad personal y familiar de los ciudadanos y el pleno ejercicio de sus derechos.

---

4. L.E.Cr., arts. 502 y ss.; C.P., art. 537; L.O. 6/1984, de 24 de mayo, Reguladora del procedimiento de *habeas corpus*.

*Art. 18.* 1. L.O. 1/1982, de 5 de mayo, de protección civil del derecho al honor, a la intimidad personal y familiar y a la propia imagen; C.P., arts. 197 y 198: Título XI del Libro II, delitos contra el honor; Ley 68/1980, de 1 de diciembre, sobre expedición de certificaciones e informes sobre conducta ciudadana; Título IV de la L.E.Cr., arts. 804 a 815; L.O. 4/1997, de 4 de agosto, por la que se regula el uso de videocámaras por las Fuerzas y Cuerpos de Seguridad en lugares públicos.

2. C.P., arts. 202 a 204 y 534.

3. L.O. 4/1981, de 1 de junio, de los estados de alarma, excepción y sitio, art. 18; C.P., arts. 197, 198, 535 y 536; L.E.Cr., arts. 579 y ss.

4. L.O. 3/2018, de 5 de diciembre, de protección de datos personales y garantía de los derechos digitales. Instrumento de ratificación de 27 de enero de 1984 del

## Artículo 19

Los españoles tienen derecho a elegir libremente su residencia y a circular por el territorio nacional.

Asimismo, tienen derecho a entrar y salir libremente de España en los términos que la ley establezca. Este derecho no podrá ser limitado por motivos políticos o ideológicos.

## Artículo 20

1. Se reconocen y protegen los derechos:

*a)* A expresar y difundir libremente los pensamientos, ideas y opiniones mediante la palabra, el escrito o cualquier otro medio de reproducción.

*b)* A la producción y creación literaria, artística, científica y técnica.

---

Convenio para la protección de las personas con respecto al tratamiento automatizado de datos de carácter personal, hecho en Estrasburgo el 28 de enero de 1981 (*B.O.E.* de 15 de noviembre de 1985).

*Art. 19.* L.O. 4/1981, de 1 de junio, de los estados de alarma, excepción y sitio, art. 20; Instrumento de ratificación de 23 de julio de 1993 del Protocolo de adhesión de España al Acuerdo relativo a la supresión gradual de controles en las fronteras comunes, firmado en Schengen el 14 de junio de 1985.

*Art. 20.* 1. Ley 14/1966, de 18 de marzo, de Prensa e Imprenta, parcialmente derogada por Ley 62/1978, de 26 de diciembre, y por Ley 29/1984, de 2 de agosto; R.D. Legislativo 1/1996, de 12 de abril, por el que se aprueba el Texto Refundido de la Ley de Propiedad Intelectual. Sobre libertad de cátedra, art. 3 de la L.O. 8/1985, de 3 de julio, reguladora del Derecho a la Educación, y art. 3.3 de la L.O. 2/2023, de 22 de marzo, del Sistema Universitario. Ver Ley 9/1968, de 5 de abril, sobre Secretos Oficiales, modificada parcialmente por Ley 48/1978, de 7 de octubre; arts. 816 a 823 de la L.E.Cr. También, L.O. 2/1997, de 19 de junio, reguladora de la cláusula de conciencia de los profesionales de la información. Sobre telecomunicaciones en general, Ley 13/2022, de 7 de julio, General de Comunicación Audiovisual, y Ley 11/2022, de 28 de junio, General de Telecomunicaciones.

*c)*    A la libertad de cátedra.

*d)*    A comunicar o recibir libremente información veraz por cualquier medio de difusión. La ley regulará el derecho a la cláusula de conciencia y al secreto profesional en el ejercicio de estas libertades.

2.    El ejercicio de estos derechos no puede restringirse mediante ningún tipo de censura previa.

3.    La ley regulará la organización y el control parlamentario de los medios de comunicación social dependientes del Estado o de cualquier ente público y garantizará el acceso a dichos medios de los grupos sociales y políticos significativos, respetando el pluralismo de la sociedad y de las diversas lenguas de España.

4.    Estas libertades tienen su límite en el respeto a los derechos reconocidos en este Título, en los preceptos de las leyes que lo desarrollen y, especialmente, en el derecho al honor, a la intimidad, a la propia imagen y a la protección de la juventud y de la infancia.

5.    Sólo podrá acordarse el secuestro de publicaciones, grabaciones y otros medios de información en virtud de resolución judicial.

---

2.   Ver art. 538 del C.P.

3.   Ley 17/2006, de 5 de junio, de la radio y televisión de titularidad estatal; Ley 29/2005, de 29 de diciembre, de publicidad y comunicación institucional; L.O. 10/1991, de 8 de abril, de publicidad electoral en emisoras municipales de radiodifusión sonora.

4.   L.O. 2/1984, de 26 de marzo, reguladora del Derecho de Rectificación.

## Artículo 21

1. Se reconoce el derecho de reunión pacífica y sin armas. El ejercicio de este derecho no necesitará autorización previa.

2. En los casos de reuniones en lugares de tránsito público y manifestaciones se dará comunicación previa a la autoridad, que sólo podrá prohibirlas cuando existan razones fundadas de alteración del orden público, con peligro para personas o bienes.

## Artículo 22

1. Se reconoce el derecho de asociación.

2. Las asociaciones que persigan fines o utilicen medios tipificados como delito son ilegales.

3. Las asociaciones constituidas al amparo de este artículo deberán inscribirse en un registro a los solos efectos de publicidad.

4. Las asociaciones sólo podrán ser disueltas o suspendidas en sus actividades en virtud de resolución judicial motivada.

5. Se prohíben las asociaciones secretas y las de carácter paramilitar.

---

*Art. 21.* L.O. 9/1983, de 15 de julio, reguladora del Derecho de Reunión. También, ver C.P., arts. 513, 514 y 540; L.O. 4/1981, de 1 de junio, de los estados de alarma, excepción y sitio, art. 22.

*Art. 22.* L.O. 1/2002, de 22 de marzo, reguladora del Derecho de Asociación; C.P., arts. 515 a 521 y 539. Ver legislación sobre partidos políticos (nota al art. 6) y sindicatos (nota al art. 7).

### *Artículo 23*

1. Los ciudadanos tienen el derecho a participar en los asuntos públicos, directamente o por medio de representantes, libremente elegidos en elecciones periódicas por sufragio universal.

2. Asimismo, tienen derecho a acceder en condiciones de igualdad a las funciones y cargos públicos, con los requisitos que señalen las leyes.

### *Artículo 24*

1. Todas las personas tienen derecho a obtener la tutela efectiva de los jueces y tribunales en el ejercicio de sus derechos e intereses legítimos, sin que, en ningún caso, pueda producirse indefensión.

2. Asimismo, todos tienen derecho al Juez ordinario predeterminado por la ley, a la defensa y a la asistencia de letrado, a ser informados de la acusación formulada contra ellos, a un proceso público sin dilaciones indebidas y con todas las garantías, a utilizar los medios de prueba pertinentes para su defensa, a no declarar contra sí mismos, a no confesarse culpables y a la presunción de inocencia.

La ley regulará los casos en que, por razón de parentesco o de secreto profesional, no se estará obligado a declarar sobre hechos presuntamente delictivos.

---

*Art. 23.* 1. L.O. 2/1980, de 18 de enero, sobre regulación de las distintas modalidades de referéndum; L.O. 5/1985, de 9 de junio, de Régimen Electoral General.

*Art. 24.* 2. L.O. 5/2024, de 11 de noviembre, del Derecho de Defensa; Ley 34/2006, de 30 de octubre, sobre el acceso a las profesiones de Abogado y Procurador de los Tribunales, y Reglamento de acceso a la Abogacía y Procura, aprobado por R.D. 64/2023, de 8 de febrero; R.D. 135/2021, de 2 de marzo, por el que se aprueba el Estatuto General de la Abogacía Española.

## *Artículo 25*

1. Nadie puede ser condenado o sancionado por acciones u omisiones que en el momento de producirse no constituyan delito, falta o infracción administrativa, según la legislación vigente en aquel momento.

2. Las penas privativas de libertad y las medidas de seguridad estarán orientadas hacia la reeducación y reinserción social y no podrán consistir en trabajos forzados. El condenado a pena de prisión que estuviere cumpliendo la misma gozará de los derechos fundamentales de este Capítulo, a excepción de los que se vean expresamente limitados por el contenido del fallo condenatorio, el sentido de la pena y la ley penitenciaria. En todo caso, tendrá derecho a un trabajo remunerado y a los beneficios correspondientes de la Seguridad Social, así como al acceso a la cultura y al desarrollo integral de su personalidad.

3. La Administración civil no podrá imponer sanciones que, directa o subsidiariamente, impliquen privación de libertad.

## *Artículo 26*

Se prohíben los Tribunales de Honor en el ámbito de la Administración civil y de las organizaciones profesionales.

---

*Art. 25.* 1. C.P., arts. 1 y 2; L.E.Cr., art. 1; Ley 40/2015, de 1 de octubre, de Régimen Jurídico del Sector Público, arts. 25 a 31.

2. L.O. 1/1979, de 26 de septiembre, General Penitenciaria, y Reglamento aprobado por R.D. 190/1996, de 9 de febrero.

## *Artículo 27*

1. Todos tienen el derecho a la educación. Se reconoce la libertad de enseñanza.

2. La educación tendrá por objeto el pleno desarrollo de la personalidad humana en el respeto a los principios democráticos de convivencia y a los derechos y libertades fundamentales.

3. Los poderes públicos garantizan el derecho que asiste a los padres para que sus hijos reciban la formación religiosa y moral que esté de acuerdo con sus propias convicciones.

4. La enseñanza básica es obligatoria y gratuita.

5. Los poderes públicos garantizan el derecho de todos a la educación, mediante una programación general de la enseñanza, con participación efectiva de todos los sectores afectados y la creación de centros docentes.

6. Se reconoce a las personas físicas y jurídicas la libertad de creación de centros docentes, dentro del respeto a los principios constitucionales.

7. Los profesores, los padres y, en su caso, los alumnos intervendrán en el control y gestión de todos los centros sostenidos por la Administración con fondos públicos, en los términos que la ley establezca.

8. Los poderes públicos inspeccionarán y homologarán el sistema educativo para garantizar el cumplimiento de las leyes.

---

*Art. 27.* 1. L.O. 8/1985, de 3 de julio, reguladora del Derecho a la Educación; L.O. 2/2006, de 3 de mayo, de Educación.

2. Ver Ley 19/1979, de 3 de octubre, sobre regulación del conocimiento del ordenamiento constitucional.

3. Las disps. adicionales 2.ª y 3.ª de la L.O. 2/2006, citada, regulan la enseñanza de la Religión.

8. R.D. 480/1981, de 6 de marzo, sobre el funcionamiento en el País Vasco y Cataluña de la Alta Inspección del Estado en materia de enseñanza no universitaria.

9. Los poderes públicos ayudarán a los centros docentes que reúnan los requisitos que la ley establezca.

10. Se reconoce la autonomía de las Universidades, en los términos que la ley establezca.

## *Artículo 28*

1. Todos tienen derecho a sindicarse libremente. La ley podrá limitar o exceptuar el ejercicio de este derecho a las Fuerzas o Institutos armados o a los demás Cuerpos sometidos a disciplina militar y regulará las peculiaridades de su ejercicio para los funcionarios públicos. La libertad sindical comprende el derecho a fundar sindicatos y a afiliarse al de su elección, así como el derecho de los sindicatos a formar confederaciones y a fundar organizaciones sindicales internacionales o afiliarse a las mismas. Nadie podrá ser obligado a afiliarse a un sindicato.

2. Se reconoce el derecho a la huelga de los trabajadores para la defensa de sus intereses. La ley que regule el ejercicio de este derecho establecerá las garantías precisas para asegurar el mantenimiento de los servicios esenciales de la comunidad.

---

10. L.O. 2/2023, de 22 de marzo, del Sistema Universitario.

*Art. 28.* 1. Convenio núm. 87 de la O.I.T. sobre libertad sindical, de 9 de julio de 1948; Convenio núm. 98 de la O.I.T. sobre derecho de sindicación y de negociación colectiva, de 1 de julio de 1949; C.P., art. 177 bis; L.O. 11/1985, de 2 de agosto, de Libertad Sindical. Con respecto a las Fuerzas de Seguridad del Estado, L.O. 2/1986, de 13 de marzo, de Fuerzas y Cuerpos de Seguridad; L.O. 11/2007, de 22 de octubre, reguladora de los derechos y deberes de los miembros de la Guardia Civil.

2. R.D.-L. 17/1977, de 4 de marzo, sobre relaciones de trabajo, parcialmente derogado por el Estatuto de los Trabajadores.

## Artículo 29

1.    Todos los españoles tendrán el derecho de petición individual y colectiva, por escrito, en la forma y con los efectos que determine la ley.

2.    Los miembros de las Fuerzas o Institutos armados o de los Cuerpos sometidos a disciplina militar podrán ejercer este derecho sólo individualmente y con arreglo a lo dispuesto en su legislación específica.

### Sección 2.ª

### De los derechos y deberes de los ciudadanos

## Artículo 30

1.    Los españoles tienen el derecho y el deber de defender a España.

2.    La ley fijará las obligaciones militares de los españoles y regulará, con las debidas garantías, la objeción de conciencia, así como las demás causas de exención del servicio militar obligatorio, pudiendo imponer, en su caso, una prestación social sustitutoria.

3.    Podrá establecerse un servicio civil para el cumplimiento de fines de interés general.

---

*Art. 29.*    L.O. 4/2001, de 12 de noviembre, reguladora del Derecho de Petición; L.O. 9/2011, de 27 de julio, de derechos y deberes de los miembros de las Fuerzas Armadas.

*Art. 30.*    La L.O. 5/2005, de 17 de noviembre, de la Defensa Nacional, deroga íntegramente la L.O. del Servicio Militar. La Ley 39/2007, de 19 de noviembre, de la carrera militar, deroga finalmente la Ley 48/1984, de 26 de diciembre, reguladora de la objeción de conciencia y de la prestación social sustitutoria.

4. Mediante ley podrán regularse los deberes de los ciudadanos en los casos de grave riesgo, catástrofe o calamidad pública.

## Artículo 31

1. Todos contribuirán al sostenimiento de los gastos públicos de acuerdo con su capacidad económica mediante un sistema tributario justo inspirado en los principios de igualdad y progresividad que, en ningún caso, tendrá alcance confiscatorio.

2. El gasto público realizará una asignación equitativa de los recursos públicos, y su programación y ejecución responderán a los criterios de eficiencia y economía.

3. Sólo podrán establecerse prestaciones personales o patrimoniales de carácter público con arreglo a la ley.

## Artículo 32

1. El hombre y la mujer tienen derecho a contraer matrimonio con plena igualdad jurídica.

2. La ley regulará las formas de matrimonio, la edad y capacidad para contraerlo, los derechos y deberes de

---

4. Ley 17/2015, de 9 de julio, del Sistema Nacional de Protección Civil.

*Art. 31.* 1. Ley 58/2003, de 17 de diciembre, General Tributaria.

2. Ley 47/2003, de 26 de noviembre, General Presupuestaria; L.O. 2/1982, de 12 de mayo, del Tribunal de Cuentas.

*Art. 32.* Ley 13/2005, de 1 de julio, por la que se modifica el Código Civil en materia de derecho a contraer matrimonio; Ley 15/2005, de 8 de julio, por la que se modifican el Código Civil y la Ley de Enjuiciamiento Civil en materia de separación y divorcio.

los cónyuges, las causas de separación y disolución y sus efectos.

## Artículo 33

1. Se reconoce el derecho a la propiedad privada y a la herencia.

2. La función social de estos derechos delimitará su contenido, de acuerdo con las leyes.

3. Nadie podrá ser privado de sus bienes y derechos, sino por causa justificada de utilidad pública o interés social, mediante la correspondiente indemnización y de conformidad con lo dispuesto por las leyes.

## Artículo 34

1. Se reconoce el derecho de fundación para fines de interés general, con arreglo a la ley.

2. Regirá también para las fundaciones lo dispuesto en los apartados 2 y 4 del artículo 22.

---

*Art. 33.* 1. Para la protección penal de la propiedad, ver Título XIII del Libro II del C.P.

2. C.P., art. 541.

3. Ley de Expropiación Forzosa de 16 de diciembre de 1954.

*Art. 34.* Ver C.C., arts. 35 a 39; Ley 50/2002, de 26 de diciembre, de Fundaciones.

### Artículo 35

1. Todos los españoles tienen el deber de trabajar y el derecho al trabajo, a la libre elección de profesión u oficio, a la promoción a través del trabajo y a una remuneración suficiente para satisfacer sus necesidades y las de su familia, sin que en ningún caso pueda hacerse discriminación por razón de sexo.

2. La ley regulará un estatuto de los trabajadores.

### Artículo 36

La ley regulará las peculiaridades propias del régimen jurídico de los Colegios Profesionales y el ejercicio de las profesiones tituladas. La estructura interna y el funcionamiento de los Colegios deberán ser democráticos.

### Artículo 37

1. La ley garantizará el derecho a la negociación colectiva laboral entre los representantes de los trabajadores

---

*Art. 35.* 2. Arts. 311 a 318 del C.P., sobre delitos contra la libertad y seguridad en el trabajo; R.D. Legislativo 2/2015, de 23 de octubre, por el que se aprueba el texto refundido de la Ley del Estatuto de los Trabajadores; Ley 17/2009, de 23 de noviembre, sobre el libre acceso a las actividades de servicios y su ejercicio, modificada por Ley 20/2013, de 9 de diciembre, de garantía de la unidad de mercado; Ley 20/2007, de 11 de julio, del Estatuto del trabajo autónomo; Ley 3/2023, de 28 de febrero, de Empleo.

*Art. 36.* Ley 74/1978, de 26 de diciembre, de normas reguladoras de los Colegios Profesionales.

*Art. 37.* 1. R.D. Legislativo 2/2015, de 23 de octubre, por el que se aprueba el texto refundido de la Ley del Estatuto de los Trabajadores. Para las

y empresarios, así como la fuerza vinculante de los convenios.

2. Se reconoce el derecho de los trabajadores y empresarios a adoptar medidas de conflicto colectivo. La ley que regule el ejercicio de este derecho, sin perjuicio de las limitaciones que pueda establecer, incluirá las garantías precisas para asegurar el funcionamiento de los servicios esenciales de la comunidad.

## Artículo 38

Se reconoce la libertad de empresa en el marco de la economía de mercado. Los poderes públicos garantizan y protegen su ejercicio y la defensa de la productividad, de acuerdo con las exigencias de la economía general y, en su caso, de la planificación.

---

Administraciones Públicas, Capítulo IV del Título III del texto refundido de la Ley del Estatuto Básico del Empleado Público, aprobado por R.D. Legislativo 5/2015, de 30 de octubre.

2. R.D.-L. 17/1977, de 4 de marzo, sobre relaciones de trabajo, parcialmente derogado por el Estatuto de los Trabajadores.

*Art. 38.* Ley 15/2007, de 3 de julio, de Defensa de la Competencia; Ley 3/1991, de 10 de enero, de Competencia Desleal.

# CAPÍTULO TERCERO

## DE LOS PRINCIPIOS RECTORES DE LA POLÍTICA SOCIAL Y ECONÓMICA

### *Artículo 39*

1. Los poderes públicos aseguran la protección social, económica y jurídica de la familia.

2. Los poderes públicos aseguran, asimismo, la protección integral de los hijos, iguales éstos ante la ley con independencia de su filiación, y de las madres, cualquiera que sea su estado civil. La ley posibilitará la investigación de la paternidad.

3. Los padres deben prestar asistencia de todo orden a los hijos habidos dentro o fuera del matrimonio, durante su minoría de edad y en los demás casos en que legalmente proceda.

4. Los niños gozarán de la protección prevista en los acuerdos internacionales que velan por sus derechos.

---

*Art. 39.* 1. Ver C.P., arts. 226 a 233, sobre abandono de deberes de asistencia; Ley 40/2003, de 18 de noviembre, de Protección a las Familias Numerosas.

2. C.C., arts. 108 a 180.

3. L.O. 1/1996, de 15 de enero, de Protección Jurídica del Menor; L.O. 8/2015, de 22 de julio, de modificación del sistema de protección a la infancia y a la adolescencia; Ley 26/2015, de 28 de julio, de modificación del sistema de protección a la infancia y a la adolescencia; L.O. 5/2000, de 12 de enero, Reguladora de la Responsabilidad Penal de los Menores.

4. Ver Declaración de Derechos del Niño aprobada por la Asamblea General de las Naciones Unidas el 20 de noviembre de 1959; Instrumento de ratificación de 31 de diciembre de 1990 de la Convención de Derechos del Niño, hecha en Nueva York el 20 de noviembre de 1989.

## Artículo 40

1. Los poderes públicos promoverán las condiciones favorables para el progreso social y económico y para una distribución de la renta regional y personal más equitativa, en el marco de una política de estabilidad económica. De manera especial realizarán una política orientada al pleno empleo.

2. Asimismo, los poderes públicos fomentarán una política que garantice la formación y readaptación profesionales; velarán por la seguridad e higiene en el trabajo y garantizarán el descanso necesario, mediante la limitación de la jornada laboral, las vacaciones periódicas retribuidas y la promoción de centros adecuados.

## Artículo 41

Los poderes públicos mantendrán un régimen público de Seguridad Social para todos los ciudadanos, que garantice la asistencia y prestaciones sociales suficientes ante situaciones de necesidad, especialmente en caso de desempleo. La asistencia y prestaciones complementarias serán libres.

---

*Art. 40.* 1. Ley 3/2023, de 28 de febrero, de Empleo; Ley 43/2006, de 29 de diciembre, para la mejora del crecimiento y el empleo; Ley 50/1985, de 27 de diciembre, de incentivos regionales para la corrección de desequilibrios económicos interterritoriales; Ley 2/2011, de 4 de marzo, de Economía Sostenible.

2. Ley 1/1986, de 7 de enero, por la que se crea el Consejo General de Formación Profesional; Ley 31/1995, de 8 de noviembre, de Prevención de Riesgos Laborales; Ley 23/2015, de 21 de julio, Ordenadora del Sistema de Inspección de Trabajo y Seguridad Social.

*Art. 41.* R.D. Legislativo 8/2015, de 30 de octubre, por el que se aprueba el texto refundido de la Ley General de la Seguridad Social; Ley 24/1997, de 15 de julio, de consolidación y racionalización del Sistema de Seguridad Social, y Ley 19/2021, de 20 de diciembre, por la que se establece el ingreso mínimo vital.

## Artículo 42

El Estado velará especialmente por la salvaguardia de los derechos económicos y sociales de los trabajadores españoles en el extranjero, y orientará su política hacia su retorno.

## Artículo 43

1. Se reconoce el derecho a la protección de la salud.
2. Compete a los poderes públicos organizar y tutelar la salud pública a través de medidas preventivas y de las prestaciones y servicios necesarios. La ley establecerá los derechos y deberes de todos al respecto.
3. Los poderes públicos fomentarán la educación sanitaria, la educación física y el deporte. Asimismo facilitarán la adecuada utilización del ocio.

---

*Art. 42.* Ley 40/2006, de 14 de diciembre, del Estatuto de la ciudadanía española en el exterior; Instrumento de ratificación de 29 de abril de 1980 del Convenio Europeo relativo al Estatuto Jurídico del Trabajador Migrante, hecho en Estrasburgo el 24 de noviembre de 1977.

*Art. 43.* 1. C.P., arts. 359 a 378, de los delitos contra la salud pública; L.O. 2/2010, de 3 de marzo, de salud sexual y reproductiva y de la interrupción voluntaria del embarazo.

2. Ley 14/1986, de 25 de abril, General de Sanidad; R.D. Legislativo 1/2015, de 24 de julio, por el que se aprueba el texto refundido de la Ley de garantías y uso racional de los medicamentos y productos sanitarios; Ley 17/2011, de 5 de julio, de seguridad alimentaria y nutrición; L.O. 3/1986, de 14 de abril, de medidas especiales en materia de salud pública.

3. Ley 39/2022, de 30 de diciembre, del Deporte; L.O. 3/2013, de 20 de junio, de protección de la salud del deportista y lucha contra el dopaje en la actividad deportiva.

### Artículo 44

1.    Los poderes públicos promoverán y tutelarán el acceso a la cultura, a la que todos tienen derecho.

2.    Los poderes públicos promoverán la ciencia y la investigación científica y técnica en beneficio del interés general.

### Artículo 45

1.    Todos tienen el derecho a disfrutar de un medio ambiente adecuado para el desarrollo de la persona, así como el deber de conservarlo.

2.    Los poderes públicos velarán por la utilización racional de todos los recursos naturales, con el fin de proteger y mejorar la calidad de la vida y defender y restaurar el medio ambiente, apoyándose en la indispensable solidaridad colectiva.

3.    Para quienes violen lo dispuesto en el apartado anterior, en los términos que la ley fije se establecerán san-

---

*Art. 44.*    1.    Ley 10/2007, de 22 de junio, de la Lectura, del Libro y de las Bibliotecas; Ley 55/2007, de 28 de diciembre, del Cine.

2.    Ley 14/2011, de 1 de junio, de la ciencia, la tecnología y la innovación; Ley 24/2015, de 24 de julio, de Patentes.

*Art. 45.*    1.    Ley 37/2003, de 17 de noviembre, del Ruido; Ley 34/2007, de 15 de noviembre, de Calidad del Aire y Protección de la Atmósfera; Ley 30/2014, de 3 de diciembre, de Parques Nacionales.

2.    Ley 43/2003, de 21 de noviembre, de Montes; Ley 42/2007, de 13 de diciembre, del Patrimonio Natural y de la Biodiversidad; Ley 21/2013, de 9 de diciembre, de evaluación ambiental, y Ley 7/2021, de 20 de mayo, de cambio climático y transición energética.

3.    C.P., arts. 325 y ss.; Ley 7/2022, de 8 de abril, de residuos y suelos contaminados para una economía circular; Ley 26/2007, de 23 de octubre, de Responsabilidad Medioambiental.

ciones penales o, en su caso, administrativas, así como la obligación de reparar el daño causado.

## Artículo 46

Los poderes públicos garantizarán la conservación y promoverán el enriquecimiento del patrimonio histórico, cultural y artístico de los pueblos de España y de los bienes que lo integran, cualquiera que sea su régimen jurídico y su titularidad. La ley penal sancionará los atentados contra este patrimonio.

## Artículo 47

Todos los españoles tienen derecho a disfrutar de una vivienda digna y adecuada. Los poderes públicos promoverán las condiciones necesarias y establecerán las normas pertinentes para hacer efectivo este derecho, regulando la utilización del suelo de acuerdo con el interés general para impedir la especulación.

La comunidad participará en las plusvalías que genere la acción urbanística de los entes públicos.

---

*Art. 46.* Ley 16/1985, de 25 de junio, del Patrimonio Histórico Español; C.P., arts. 321 a 324; Ley 10/2015, de 26 de mayo, para la salvaguardia del Patrimonio Cultural Inmaterial.

*Art. 47.* R.D. Legislativo 7/2015, de 30 de octubre, por el que se aprueba el texto refundido de la Ley de Suelo y Rehabilitación Urbana; Ley 29/1994, de 24 de noviembre, de Arrendamientos Urbanos; Ley 12/2023, de 24 de mayo, por el derecho a la vivienda.

## Artículo 48

Los poderes públicos promoverán las condiciones para la participación libre y eficaz de la juventud en el desarrollo político, social, económico y cultural.

## Artículo 49

1. Las personas con discapacidad ejercen los derechos previstos en este Título en condiciones de libertad e igualdad reales y efectivas. Se regulará por ley la protección especial que sea necesaria para dicho ejercicio.

2. Los poderes públicos impulsarán las políticas que garanticen la plena autonomía personal y la inclusión social de las personas con discapacidad, en entornos universalmente accesibles. Asimismo, fomentarán la participación de sus organizaciones, en los términos que la ley establezca. Se atenderán particularmente las necesidades específicas de las mujeres y los menores con discapacidad.

---

*Art. 48.* R.D. 486/2005, de 4 de mayo, por el que se aprueba el Estatuto del organismo autónomo Instituto de la Juventud; Ley 45/2015, de 14 de octubre, de Voluntariado.

*Art. 49.* Redactado según la Reforma de la Constitución de 15 de febrero de 2024 (*B.O.E.* n.º 43, de 17 de febrero). R.D. Legislativo 1/2013, de 29 de noviembre, por el que se aprueba el texto refundido de la Ley General de derechos de las personas con discapacidad y de su inclusión social; Ley 15/1995, de 30 de mayo, sobre límites del dominio sobre inmuebles para eliminar barreras arquitectónicas a las personas con discapacidad; Ley 39/2006, de 14 de diciembre, de Promoción de la Autonomía Personal y Atención a las personas en situación de dependencia; Instrumento de ratificación de 23 de noviembre de 2007, de la Convención sobre los derechos de las personas con discapacidad, hecho en Nueva York el 13 de diciembre de 2006; Ley 8/2021, de 2 de junio, por la que se reforma la legislación civil y procesal para el apoyo a las personas con discapacidad en el ejercicio de su capacidad jurídica.

## Artículo 50

Los poderes públicos garantizarán, mediante pensiones adecuadas y periódicamente actualizadas, la suficiencia económica a los ciudadanos durante la tercera edad. Asimismo, y con independencia de las obligaciones familiares, promoverán su bienestar mediante un sistema de servicios sociales que atenderán sus problemas específicos de salud, vivienda, cultura y ocio.

## Artículo 51

1.   Los poderes públicos garantizarán la defensa de los consumidores y usuarios, protegiendo, mediante procedimientos eficaces, la seguridad, la salud y los legítimos intereses económicos de los mismos.

2.   Los poderes públicos promoverán la información y la educación de los consumidores y usuarios, fomentarán sus organizaciones y oirán a éstas en las cuestiones que puedan afectar a aquéllos, en los términos que la ley establezca.

3.   En el marco de lo dispuesto por los apartados anteriores, la ley regulará el comercio interior y el régimen de autorización de productos comerciales.

---

*Art. 50.*   R.D. Legislativo 670/1987, de 30 de abril, por el que se aprueba el texto refundido de Ley de Clases Pasivas del Estado.

*Art. 51.*   R.D. Legislativo 1/2007, de 16 de noviembre, por el que se aprueba el texto refundido de la Ley General para la Defensa de los Consumidores y Usuarios y otras leyes complementarias; Ley 3/1991, de 10 de enero, de Competencia Desleal. Ver C.P., arts. 363 y 364; Ley 7/1998, de 13 de abril, sobre Condiciones Generales de la Contratación; Ley 7/1996, de 15 de enero, de Ordenación del Comercio Minorista.

## Artículo 52

La ley regulará las organizaciones profesionales que contribuyan a la defensa de los intereses económicos que les sean propios. Su estructura interna y funcionamiento deberán ser democráticos.

# CAPÍTULO CUARTO

## De las garantías de las libertades y derechos fundamentales

## Artículo 53

1. Los derechos y libertades reconocidos en el Capítulo segundo del presente Título vinculan a todos los poderes públicos. Sólo por ley, que en todo caso deberá respetar su contenido esencial, podrá regularse el ejercicio de tales derechos y libertades, que se tutelarán de acuerdo con lo previsto en el artículo 161.1.*a*).

2. Cualquier ciudadano podrá recabar la tutela de las libertades y derechos reconocidos en el artículo 14 y la Sección primera del Capítulo segundo ante los Tribunales ordinarios por un procedimiento basado en los principios de preferencia y sumariedad y, en su caso, a través del recurso de amparo ante el Tribunal Constitucional. Este último recurso será aplicable a la objeción de conciencia reconocida en el artículo 30.

---

*Art. 52.* Ley 4/2014, de 1 de abril, Básica de las Cámaras Oficiales de Comercio, Industria, Servicios y Navegación.

*Art. 53.* 2. L.O. 2/1979, de 3 de octubre, del Tribunal Constitucional; C.P., arts. 529 a 542; Ley 36/2011, de 10 de octubre, reguladora de la Jurisdicción Social, arts. 177 a 184; Ley 29/1998, de 13 de julio, reguladora de la Jurisdicción Contencioso-Administrativa, arts. 114 a 122 bis.

3. El reconocimiento, el respeto y la protección de los principios reconocidos en el Capítulo tercero informarán la legislación positiva, la práctica judicial y la actuación de los poderes públicos. Sólo podrán ser alegados ante la Jurisdicción ordinaria de acuerdo con lo que dispongan las leyes que los desarrollen.

### Artículo 54

Una ley orgánica regulará la institución del Defensor del Pueblo, como alto comisionado de las Cortes Generales, designado por éstas para la defensa de los derechos comprendidos en este Título, a cuyo efecto podrá supervisar la actividad de la Administración, dando cuenta a las Cortes Generales.

## CAPÍTULO QUINTO

### DE LA SUSPENSIÓN DE LOS DERECHOS Y LIBERTADES

### Artículo 55

1. Los derechos reconocidos en los artículos 17, 18, apartados 2 y 3, artículos 19, 20, apartados 1.*a*) y *d*) y 5, artículos 21, 28, apartado 2, y artículo 37, apartado 2,

---

*Art. 54.* L.O. 3/1981, de 6 de abril, del Defensor del Pueblo; Reglamento del Congreso de los Diputados, arts. 49 y 200; Reglamento de Organización y Funcionamiento del Defensor del Pueblo, aprobado por las Mesas del Congreso y el Senado en sesión conjunta de 6 de abril de 1983 (*B.O.E.* de 18 de abril de 1983); Ley 36/1985, de 6 de noviembre, por la que se regulan las relaciones entre la Institución del Defensor del Pueblo y las figuras similares de las distintas Comunidades Autónomas.

*Art. 55.* 1. Ver art. 116 de esta Constitución; L.O. 4/1981, de 1 de junio, de los estados de alarma, excepción y sitio.

podrán ser suspendidos cuando se acuerde la declaración del estado de excepción o de sitio en los términos previstos en la Constitución. Se exceptúa de lo establecido anteriormente el apartado 3 del artículo 17 para el supuesto de declaración de estado de excepción.

2. Una ley orgánica podrá determinar la forma y los casos en los que, de forma individual y con la necesaria intervención judicial y el adecuado control parlamentario, los derechos reconocidos en los artículos 17, apartado 2, y 18, apartados 2 y 3, pueden ser suspendidos para personas determinadas, en relación con las investigaciones correspondientes a la actuación de bandas armadas o elementos terroristas.

La utilización injustificada o abusiva de las facultades reconocidas en dicha ley orgánica producirá responsabilidad penal, como violación de los derechos y libertades reconocidos por las leyes.

---

2. L.O. 4/1988, de 25 de mayo, de Reforma de la Ley de Enjuiciamiento Criminal (arts. 384 bis, 504 bis —declarado inconstitucional por S.T.C. 71/1994, de 3 de marzo—, 520 bis, 553, 779 y 579 de la L.E.Cr.).

# TÍTULO II

## De la Corona

### Artículo 56

1.  El Rey es el Jefe del Estado, símbolo de su unidad y permanencia, arbitra y modera el funcionamiento regular de las instituciones, asume la más alta representación del Estado español en las relaciones internacionales, especialmente con las naciones de su comunidad histórica, y ejerce las funciones que le atribuyen expresamente la Constitución y las leyes.

2.  Su título es el de Rey de España y podrá utilizar los demás que correspondan a la Corona.

3.  La persona del Rey es inviolable y no está sujeta a responsabilidad. Sus actos estarán siempre refrendados en la forma establecida en el artículo 64, careciendo de validez sin dicho refrendo, salvo lo dispuesto en el artículo 65.2.

### Artículo 57

1.  La Corona de España es hereditaria en los sucesores de S.M. Don Juan Carlos I de Borbón, legítimo heredero de la dinastía histórica. La sucesión en el trono seguirá

---

*Art. 56.* 1. C.P., arts. 485 a 491, sobre delitos contra la Corona.

2. R.D. 1368/1987, de 6 de noviembre, sobre régimen de títulos, tratamientos y honores de la Familia Real y de los Regentes.

*Art. 57.* R.D. 54/1977, de 21 de enero, sobre títulos y denominaciones que corresponden al heredero de la Corona.

el orden regular de primogenitura y representación, siendo preferida siempre la línea anterior a las posteriores; en la misma línea, el grado más próximo al más remoto; en el mismo grado, el varón a la mujer, y en el mismo sexo, la persona de más edad a la de menos.

2.   El Príncipe heredero, desde su nacimiento o desde que se produzca el hecho que origine el llamamiento, tendrá la dignidad de Príncipe de Asturias y los demás títulos vinculados tradicionalmente al sucesor de la Corona de España.

3.   Extinguidas todas las líneas llamadas en Derecho, las Cortes Generales proveerán a la sucesión en la Corona en la forma que más convenga a los intereses de España.

4.   Aquellas personas que teniendo derecho a la sucesión en el trono contrajeren matrimonio contra la expresa prohibición del Rey y de las Cortes Generales, quedarán excluidas en la sucesión a la Corona por sí y sus descendientes.

5.   Las abdicaciones y renuncias y cualquier duda de hecho o de derecho que ocurra en el orden de sucesión a la Corona se resolverán por una ley orgánica.

### Artículo 58

La Reina consorte o el consorte de la Reina no podrán asumir funciones constitucionales, salvo lo dispuesto para la Regencia.

---

5.   L.O. 3/2014, de 18 de junio, por la que se hace efectiva la abdicación de S.M. el Rey Don Juan Carlos I de Borbón.

## Artículo 59

1.   Cuando el Rey fuere menor de edad, el padre o la madre del Rey y, en su defecto, el pariente mayor de edad más próximo a suceder en la Corona, según el orden establecido en la Constitución, entrará a ejercer inmediatamente la Regencia y la ejercerá durante el tiempo de la minoría de edad del Rey.

2.   Si el Rey se inhabilitare para el ejercicio de su autoridad y la imposibilidad fuere reconocida por las Cortes Generales, entrará a ejercer inmediatamente la Regencia el Príncipe heredero de la Corona, si fuere mayor de edad. Si no lo fuere, se procederá de la manera prevista en el apartado anterior, hasta que el Príncipe heredero alcance la mayoría de edad.

3.   Si no hubiere ninguna persona a quien corresponda la Regencia, ésta será nombrada por las Cortes Generales, y se compondrá de una, tres o cinco personas.

4.   Para ejercer la Regencia es preciso ser español y mayor de edad.

5.   La Regencia se ejercerá por mandato constitucional y siempre en nombre del Rey.

## Artículo 60

1.   Será tutor del Rey menor la persona que en su testamento hubiese nombrado el Rey difunto, siempre que sea mayor de edad y español de nacimiento; si no lo hubiese nombrado, será tutor el padre o la madre, mientras permanezcan viudos. En su defecto, lo nombrarán las Cortes Generales, pero no podrán acumularse los cargos de Regente y de tutor sino en el padre, madre o ascendientes directos del Rey.

2. El ejercicio de la tutela es también incompatible con el de todo cargo o representación política.

### Artículo 61

1. El Rey, al ser proclamado ante las Cortes Generales, prestará juramento de desempeñar fielmente sus funciones, guardar y hacer guardar la Constitución y las leyes y respetar los derechos de los ciudadanos y de las Comunidades Autónomas.

2. El Príncipe heredero, al alcanzar la mayoría de edad, y el Regente o Regentes al hacerse cargo de sus funciones, prestarán el mismo juramento, así como el de fidelidad al Rey.

### Artículo 62

Corresponde al Rey:

*a)* Sancionar y promulgar las leyes.

*b)* Convocar y disolver las Cortes Generales y convocar elecciones en los términos previstos en la Constitución.

*c)* Convocar a referéndum en los casos previstos en la Constitución.

---

*Art. 61.* El 19 de junio de 2014 fue proclamado como Rey ante las Cortes Generales, en sesión común de ambas Cámaras, Don Felipe VI de Borbón.

*Art. 62.* Ver el Reglamento del Congreso, arts. 4.2, 147.3, 161.1, 171.6, 172.2, 174.6 y 178 para las relaciones entre el Rey y el Congreso. Ver arts. 3 y 8 de la L.O. 5/2005, de 17 de noviembre, de la Defensa Nacional; Ley 1/1988, de 14 de enero, por la que se modifica la Ley de 18 de junio de 1870, estableciendo reglas para el ejercicio de la gracia de indulto.

*d)* Proponer el candidato a Presidente del Gobierno y, en su caso, nombrarlo, así como poner fin a sus funciones en los términos previstos en la Constitución.

*e)* Nombrar y separar a los miembros del Gobierno, a propuesta de su Presidente.

*f)* Expedir los decretos acordados en el Consejo de Ministros, conferir los empleos civiles y militares y conceder honores y distinciones con arreglo a las leyes.

*g)* Ser informado de los asuntos de Estado y presidir, a estos efectos, las sesiones del Consejo de Ministros, cuando lo estime oportuno, a petición del Presidente del Gobierno.

*h)* El mando supremo de las Fuerzas Armadas.

*i)* Ejercer el derecho de gracia con arreglo a la ley, que no podrá autorizar indultos generales.

*j)* El Alto Patronazgo de las Reales Academias.

## *Artículo 63*

1. El Rey acredita a los embajadores y otros representantes diplomáticos. Los representantes extranjeros en España están acreditados ante él.

2. Al Rey corresponde manifestar el consentimiento del Estado para obligarse internacionalmente por medio de tratados, de conformidad con la Constitución y las leyes.

3. Al Rey corresponde, previa autorización de las Cortes Generales, declarar la guerra y hacer la paz.

## *Artículo 64*

1. Los actos del Rey serán refrendados por el Presidente del Gobierno y, en su caso, por los Ministros competentes. La propuesta y el nombramiento del Presidente del

Gobierno, y la disolución prevista en el artículo 99, serán refrendados por el Presidente del Congreso.

2. De los actos del Rey serán responsables las personas que los refrenden.

*Artículo 65*

1. El Rey recibe de los Presupuestos del Estado una cantidad global para el sostenimiento de su Familia y Casa, y distribuye libremente la misma.

2. El Rey nombra y releva libremente a los miembros civiles y militares de su Casa.

---

*Art. 65.* D. 2942/1975, por el que se crea la Casa de S.M. el Rey; R.D. 434/1988, de 6 de mayo, sobre reestructuración de la Casa de S.M. el Rey.

# TÍTULO III

## De las Cortes Generales

## CAPÍTULO PRIMERO

### DE LAS CÁMARAS

### *Artículo 66*

1. Las Cortes Generales representan al pueblo español y están formadas por el Congreso de los Diputados y el Senado.

2. Las Cortes Generales ejercen la potestad legislativa del Estado, aprueban sus Presupuestos, controlan la acción del Gobierno y tienen las demás competencias que les atribuya la Constitución.

3. Las Cortes Generales son inviolables.

### *Artículo 67*

1. Nadie podrá ser miembro de las dos Cámaras simultáneamente, ni acumular el acta de una Asamblea de Comunidad Autónoma con la de Diputado al Congreso.

2. Los miembros de las Cortes Generales no estarán ligados por mandato imperativo.

3. Las reuniones de Parlamentarios que se celebren sin convocatoria reglamentaria no vincularán a las Cámaras, y no podrán ejercer sus funciones ni ostentar sus privilegios.

---

*Art. 66.* 3. C.P., arts. 492 a 502, sobre delitos contra las Cortes Generales.
*Art. 67.* 1. L.O. 5/1985, de 19 de junio, del Régimen Electoral General, arts. 154 y 155.

## *Artículo 68*

1. El Congreso se compone de un mínimo de 300 y un máximo de 400 Diputados, elegidos por sufragio universal, libre, igual, directo y secreto, en los términos que establezca la ley.

2. La circunscripción electoral es la provincia. Las poblaciones de Ceuta y Melilla estarán representadas cada una de ellas por un Diputado. La ley distribuirá el número total de Diputados, asignando una representación mínima inicial a cada circunscripción y distribuyendo los demás en proporción a la población.

3. La elección se verificará en cada circunscripción atendiendo a criterios de representación proporcional.

4. El Congreso es elegido por cuatro años. El mandato de los Diputados termina cuatro años después de su elección o el día de la disolución de la Cámara.

5. Son electores y elegibles todos los españoles que estén en pleno uso de sus derechos políticos.

La ley reconocerá y el Estado facilitará el ejercicio del derecho de sufragio a los españoles que se encuentren fuera del territorio de España.

6. Las elecciones tendrán lugar entre los treinta días y sesenta días desde la terminación del mandato. El Congreso electo deberá ser convocado dentro de los veinticinco días siguientes a la celebración de las elecciones.

---

*Art. 68.* L.O. 5/1985, citada; Reglamento del Congreso, arts. 20 a 22, sobre adquisición, suspensión y pérdida de la condición de Diputado.

## *Artículo 69*

1.   El Senado es la Cámara de representación territorial.

2.   En cada provincia se elegirán cuatro Senadores por sufragio universal, libre, igual, directo y secreto por los votantes de cada una de ellas, en los términos que señale una ley orgánica.

3.   En las provincias insulares, cada isla o agrupación de ellas, con Cabildo o Consejo Insular, constituirá una circunscripción a efectos de elección de Senadores, correspondiendo tres a cada una de las islas mayores —Gran Canaria, Mallorca y Tenerife— y uno a cada una de las siguientes islas o agrupaciones: Ibiza-Formentera, Menorca, Fuerteventura, Gomera, Hierro, Lanzarote y La Palma.

4.   Las poblaciones de Ceuta y Melilla elegirán cada una de ellas dos Senadores.

5.   Las Comunidades Autónomas designarán además un Senador y otro más por cada millón de habitantes de su respectivo territorio. La designación corresponderá a la Asamblea legislativa o, en su defecto, al órgano colegiado superior de la Comunidad Autónoma, de acuerdo con lo que establezcan los Estatutos, que asegurarán, en todo caso, la adecuada representación proporcional.

6.   El Senado es elegido por cuatro años. El mandato de los Senadores termina cuatro años después de su elección o el día de la disolución de la Cámara.

---

*Art. 69.*   L.O. 5/1985, citada. Las reglas para la elección de Senadores en representación de las CC.AA. están recogidas en los respectivos Estatutos; Reglamento del Senado, arts. 1, 12 y 18, sobre adquisición, suspensión y pérdida de la condición de Senador.

## *Artículo 70*

1.   La ley electoral determinará las causas de inelegibilidad e incompatibilidad de los Diputados y Senadores, que comprenderán, en todo caso:

*a)*   A los componentes del Tribunal Constitucional.

*b)*   A los altos cargos de la Administración del Estado que determine la ley, con la excepción de los miembros del Gobierno.

*c)*   Al Defensor del Pueblo.

*d)*   A los Magistrados, Jueces y Fiscales en activo.

*e)*   A los militares profesionales y miembros de las Fuerzas y Cuerpos de Seguridad y Policía en activo.

*f)*   A los miembros de las Juntas Electorales.

2.   La validez de las actas y credenciales de los miembros de ambas Cámaras estará sometida al control judicial, en los términos que establezca la ley electoral.

## *Artículo 71*

1.   Los Diputados y Senadores gozarán de inviolabilidad por las opiniones manifestadas en el ejercicio de sus funciones.

---

*Art. 70.*   Para la especificación de las inelegibilidades e incompatibilidades, ver L.O. 5/1985, de 19 de junio, de Régimen Electoral General, arts. 6, 7 y 154 a 160. Ver también Reglamento del Congreso, arts. 19 y 20, y Reglamento del Senado, arts. 1.3 y 15 a 17.

*Art. 71.*   Arts. 10 y 21, respectivamente, de los Reglamentos del Congreso y del Senado; arts. 750 a 756 de la L.E.Cr.; art. 2, párrafo 2, de la L.O. 1/1982, de 5 de mayo, según redacción dada por la L.O. 3/1985, de 29 de mayo, y parcialmente declarada inconstitucional por la S.T.C. 9/1990, de 18 de enero.

2.    Durante el período de su mandato los Diputados y Senadores gozarán, asimismo, de inmunidad y sólo podrán ser detenidos en caso de flagrante delito. No podrán ser inculpados ni procesados sin la previa autorización de la Cámara respectiva.

3.    En las causas contra Diputados y Senadores será competente la Sala de lo Penal del Tribunal Supremo.

4.    Los Diputados y Senadores percibirán una asignación que será fijada por las respectivas Cámaras.

## Artículo 72

1.    Las Cámaras establecen sus propios Reglamentos, aprueban autónomamente sus presupuestos y, de común acuerdo, regulan el Estatuto del Personal de las Cortes Generales. Los Reglamentos y su reforma serán sometidos a una votación final sobre su totalidad, que requerirá la mayoría absoluta.

2.    Las Cámaras eligen sus respectivos Presidentes y los demás miembros de sus Mesas. Las sesiones conjuntas serán presididas por el Presidente del Congreso y se regirán por un Reglamento de las Cortes Generales aprobado por mayoría absoluta de cada Cámara.

3.    Los Presidentes de las Cámaras ejercen en nombre de las mismas todos los poderes administrativos y facultades de policía en el interior de sus respectivas sedes.

---

*Art. 72.*    Reglamento del Congreso de los Diputados de 10 de febrero de 1982, y Reglamento del Senado, texto refundido de 3 de mayo de 1994. El Estatuto del Personal de las Cortes Generales se aprobó por Acuerdo de 27 de marzo de 2006. Para las sesiones conjuntas de ambas Cámaras, disp. final 3.ª del Reglamento del Congreso, y disp. adicional 2.ª del Reglamento del Senado.

### Artículo 73

1. Las Cámaras se reunirán anualmente en dos períodos ordinarios de sesiones: el primero, de septiembre a diciembre, y el segundo, de febrero a junio.

2. Las Cámaras podrán reunirse en sesiones extraordinarias a petición del Gobierno, de la Diputación Permanente o de la mayoría absoluta de los miembros de cualquiera de las Cámaras. Las sesiones extraordinarias deberán convocarse sobre un orden del día determinado y serán clausuradas una vez que éste haya sido agotado.

### Artículo 74

1. Las Cámaras se reunirán en sesión conjunta para ejercer las competencias no legislativas que el Título II atribuye expresamente a las Cortes Generales.

2. Las decisiones de las Cortes Generales previstas en los artículos 94.1, 145.2 y 158.2, se adoptarán por mayoría de cada una de las Cámaras. En el primer caso, el procedimiento se iniciará por el Congreso, y en los otros dos, por el Senado. En ambos casos, si no hubiera acuerdo entre Senado y Congreso, se intentará obtener por una Comisión Mixta compuesta de igual número de Diputados y Senadores. La Comisión presentará un texto, que será votado por ambas Cámaras. Si no se aprueba en la forma establecida, decidirá el Congreso por mayoría absoluta.

### Artículo 75

1. Las Cámaras funcionarán en Pleno y por Comisiones.

2. Las Cámaras podrán delegar en las Comisiones Legislativas Permanentes la aprobación de proyectos o proposiciones de ley. El Pleno podrá, no obstante, recabar en cualquier momento el debate y votación de cualquier proyecto o proposición de ley que haya sido objeto de esta delegación.

3. Quedan exceptuados de lo dispuesto en el apartado anterior la reforma constitucional, las cuestiones internacionales, las leyes orgánicas y de bases y los Presupuestos Generales del Estado.

### Artículo 76

1. El Congreso y el Senado y, en su caso, ambas Cámaras conjuntamente, podrán nombrar Comisiones de investigación sobre cualquier asunto de interés público. Sus conclusiones no serán vinculantes para los Tribunales, ni afectarán a las resoluciones judiciales, sin perjuicio de que el resultado de la investigación sea comunicado al Ministerio Fiscal para el ejercicio, cuando proceda, de las acciones oportunas.

2. Será obligatorio comparecer a requerimiento de las Cámaras. La ley regulará las sanciones que puedan imponerse por incumplimiento de esta obligación.

---

*Art. 76.* 2. L.O. 5/1984, de 24 de mayo, de comparecencia ante las Comisiones de Investigación del Congreso y del Senado o de ambas Cámaras; R.D.-L. 5/1994, de 29 de abril, por el que se regula la obligación de comunicación de determinados datos a requerimiento de las Comisiones Parlamentarias de Investigación.

## Artículo 77

1.  Las Cámaras pueden recibir peticiones individuales y colectivas, siempre por escrito, quedando prohibida la presentación directa por manifestaciones ciudadanas.

2.  Las Cámaras pueden remitir al Gobierno las peticiones que reciban. El Gobierno está obligado a explicarse sobre su contenido, siempre que las Cámaras lo exijan.

## Artículo 78

1.  En cada Cámara habrá una Diputación Permanente compuesta por un mínimo de veintiún miembros, que representarán a los grupos parlamentarios, en proporción a su importancia numérica.

2.  Las Diputaciones Permanentes estarán presididas por el Presidente de la Cámara respectiva y tendrán como funciones la prevista en el artículo 73, la de asumir las facultades que correspondan a las Cámaras, de acuerdo con los artículos 86 y 116, en caso de que éstas hubieren sido disueltas o hubiere expirado su mandato y la de velar por los poderes de las Cámaras, cuando éstas no estén reunidas.

3.  Expirado el mandato o en caso de disolución, las Diputaciones Permanentes seguirán ejerciendo sus funciones hasta la constitución de las nuevas Cortes Generales.

4.  Reunida la Cámara correspondiente, la Diputación Permanente dará cuenta de los asuntos tratados y de sus decisiones.

---

*Art. 77.* L.O. 4/2001, de 12 de noviembre, reguladora del Derecho de Petición.

### Artículo 79

1. Para adoptar acuerdos, las Cámaras deben estar reunidas reglamentariamente y con asistencia de la mayoría de sus miembros.

2. Dichos acuerdos, para ser válidos, deberán ser aprobados por la mayoría de los miembros presentes, sin perjuicio de las mayorías especiales que establezcan la Constitución o las leyes orgánicas y las que para elección de personas establezcan los Reglamentos de las Cámaras.

3. El voto de Senadores y Diputados es personal e indelegable.

### Artículo 80

Las sesiones plenarias de las Cámaras serán públicas, salvo acuerdo en contrario de cada Cámara, adoptado por mayoría absoluta o con arreglo al Reglamento.

## CAPÍTULO SEGUNDO

### DE LA ELABORACIÓN DE LAS LEYES

### Artículo 81

1. Son leyes orgánicas las relativas al desarrollo de los derechos fundamentales y de las libertades públicas, las que aprueben los Estatutos de Autonomía y el régimen electoral general y las demás previstas en la Constitución.

2. La aprobación, modificación o derogación de las leyes orgánicas exigirá mayoría absoluta del Congreso, en una votación final sobre el conjunto del proyecto.

## *Artículo 82*

1. Las Cortes Generales podrán delegar en el Gobierno la potestad de dictar normas con rango de ley sobre materias determinadas no incluidas en el artículo anterior.

2. La delegación legislativa deberá otorgarse mediante una ley de bases cuando su objeto sea la formación de textos articulados o por una ley ordinaria cuando se trate de refundir varios textos legales en uno solo.

3. La delegación legislativa habrá de otorgarse al Gobierno de forma expresa para materia concreta y con fijación del plazo para su ejercicio. La delegación se agota por el uso que de ella haga el Gobierno mediante la publicación de la norma correspondiente. No podrá entenderse concedida de modo implícito o por tiempo indeterminado. Tampoco podrá permitir la subdelegación a autoridades distintas del propio Gobierno.

4. Las leyes de bases delimitarán con precisión el objeto y alcance de la delegación legislativa y los principios y criterios que han de seguirse en su ejercicio.

5. La autorización para refundir textos legales determinará el ámbito normativo a que se refiere el contenido de la delegación, especificando si se circunscribe a la mera formulación de un texto único o si se incluye la de regularizar, aclarar y armonizar los textos legales que han de ser refundidos.

6. Sin perjuicio de la competencia propia de los Tribunales, las leyes de delegación podrán establecer en cada caso fórmulas adicionales de control.

---

*Art. 82.* L.O. 3/1980, de 22 de abril, del Consejo de Estado, art. 21.3.

### Artículo 83

Las leyes de bases no podrán en ningún caso:

*a*)   Autorizar la modificación de la propia ley de bases.
*b*)   Facultar para dictar normas con carácter retroactivo.

### Artículo 84

Cuando una proposición de ley o una enmienda fuere contraria a una delegación legislativa en vigor, el Gobierno está facultado para oponerse a su tramitación. En tal supuesto, podrá presentarse una proposición de ley para la derogación total o parcial de la ley de delegación.

### Artículo 85

Las disposiciones del Gobierno que contengan legislación delegada recibirán el título de Decretos Legislativos.

### Artículo 86

1.   En caso de extraordinaria y urgente necesidad, el Gobierno podrá dictar disposiciones legislativas provisionales que tomarán la forma de Decretos-leyes y que no podrán afectar al ordenamiento de las instituciones básicas del Estado, a los derechos, deberes y libertades de los ciudadanos regulados en el Título I, al régimen de las Comunidades Autónomas, ni al Derecho electoral general.

2.   Los Decretos-leyes deberán ser inmediatamente sometidos a debate y votación de totalidad al Congreso de los

Diputados, convocado al efecto si no estuviere reunido, en el plazo de los treinta días siguientes a su promulgación. El Congreso habrá de pronunciarse expresamente dentro de dicho plazo sobre su convalidación o derogación, para lo cual el Reglamento establecerá un procedimiento especial y sumario.

3.    Durante el plazo establecido en el apartado anterior, las Cortes podrán tramitarlos como proyectos de ley por el procedimiento de urgencia.

*Artículo 87*

1.    La iniciativa legislativa corresponde al Gobierno, al Congreso y al Senado, de acuerdo con la Constitución y los Reglamentos de las Cámaras.

2.    Las Asambleas de las Comunidades Autónomas podrán solicitar del Gobierno la adopción de un proyecto de ley o remitir a la Mesa del Congreso una proposición de ley, delegando ante dicha Cámara un máximo de tres miembros de la Asamblea encargados de su defensa.

3.    Una ley orgánica regulará las formas de ejercicio y requisitos de la iniciativa popular para la presentación de proposiciones de ley. En todo caso se exigirán no menos de 500.000 firmas acreditadas. No procederá dicha iniciativa en materias propias de ley orgánica, tributarias o de carácter internacional, ni en lo relativo a la prerrogativa de gracia.

---

*Art. 87.*    2.    Para el ejercicio de la iniciativa legislativa por las CC.AA., ver las previsiones al respecto de sus correspondientes Estatutos.

3.    L.O. 3/1984, de 26 de marzo, reguladora de la Iniciativa Legislativa Popular.

## *Artículo 88*

Los proyectos de ley serán aprobados en Consejo de Ministros, que los someterá al Congreso, acompañados de una exposición de motivos y de los antecedentes necesarios para pronunciarse sobre ellos.

## *Artículo 89*

1. La tramitación de las proposiciones de ley se regulará por los Reglamentos de las Cámaras, sin que la prioridad debida a los proyectos de ley impida el ejercicio de la iniciativa legislativa en los términos regulados por el artículo 87.

2. Las proposiciones de ley que, de acuerdo con el artículo 87, tome en consideración el Senado, se remitirán al Congreso para su trámite en éste como tal proposición.

## *Artículo 90*

1. Aprobado un proyecto de ley ordinaria u orgánica por el Congreso de los Diputados, su Presidente dará inmediata cuenta del mismo al Presidente del Senado, el cual lo someterá a la deliberación de éste.

2. El Senado en el plazo de dos meses, a partir del día de la recepción del texto, puede, mediante mensaje motivado, oponer su veto o introducir enmiendas al mismo. El veto deberá ser aprobado por mayoría absoluta. El proyecto no podrá ser sometido al Rey para sanción sin que el Congreso

---

*Art. 88.* Ley 50/1997, de 27 de noviembre, del Gobierno, art. 22.

ratifique por mayoría absoluta, en caso de veto, el texto inicial, o por mayoría simple, una vez transcurridos dos meses desde la interposición del mismo, o se pronuncie sobre las enmiendas, aceptándolas o no por mayoría simple.

3.　El plazo de dos meses de que el Senado dispone para vetar o enmendar el proyecto se reducirá al de veinte días naturales en los proyectos declarados urgentes por el Gobierno o por el Congreso de los Diputados.

### *Artículo 91*

El Rey sancionará en el plazo de quince días las leyes aprobadas por las Cortes Generales, y las promulgará y ordenará su inmediata publicación.

### *Artículo 92*

1.　Las decisiones políticas de especial trascendencia podrán ser sometidas a referéndum consultivo de todos los ciudadanos.

2.　El referéndum será convocado por el Rey, mediante propuesta del Presidente del Gobierno, previamente autorizada por el Congreso de los Diputados.

3.　Una ley orgánica regulará las condiciones y el procedimiento de las distintas modalidades de referéndum previstas en esta Constitución.

---

*Art. 92.*　L.O. 2/1980, de 18 de enero, sobre regulación de las distintas modalidades de referéndum.

# CAPÍTULO TERCERO

## DE LOS TRATADOS INTERNACIONALES

### Artículo 93

Mediante ley orgánica se podrá autorizar la celebración de tratados por los que se atribuya a una organización o institución internacional el ejercicio de competencias derivadas de la Constitución. Corresponde a las Cortes Generales o al Gobierno, según los casos, la garantía del cumplimiento de estos tratados y de las resoluciones emanadas de los organismos internacionales o supranacionales titulares de la cesión.

### Artículo 94

1. La prestación del consentimiento del Estado para obligarse por medio de tratados o convenios requerirá la

---

*Art. 93.* L.O. 10/1985, de 2 de agosto, de Autorización para la Adhesión de España a las Comunidades Europeas; Instrumento de ratificación del Tratado hecho en Lisboa y Madrid el 12 de junio de 1985 relativo a la adhesión del Reino de España y la República Portuguesa a la C.E.E. y a la C.E. de Energía Atómica (*B.O.E.* de 1 de enero de 1986); Ley 8/1994, de 19 de mayo, por la que se regula la Comisión Mixta para la Unión Europea; L.O. 6/2000, de 4 de octubre, por la que se autoriza la ratificación por España del Estatuto de la Corte Penal Internacional; L.O. 1/2008, de 30 de julio, por la que se autoriza la ratificación por España del Tratado de Lisboa.

*Art. 94.* Ver el Reglamento del Congreso, arts. 154 a 160. Ver Instrumento de Adhesión de 2 de mayo de 1972 al Convenio de Viena sobre Derecho de los Tratados de 23 de mayo de 1969 (*B.O.E.* de 13 de junio de 1980). Ver Instrumento de Adhesión de 29 de mayo de 1982 del Reino de España al Tratado del Atlántico Norte; Ley 25/2014, de 27 de noviembre, de Tratados y otros Acuerdos Internacionales.

previa autorización de las Cortes Generales, en los siguientes casos:

*a*)    Tratados de carácter político.
*b*)    Tratados o convenios de carácter militar.
*c*)    Tratados o convenios que afecten a la integridad territorial del Estado o a los derechos y deberes fundamentales establecidos en el Título I.
*d*)    Tratados o convenios que impliquen obligaciones financieras para la Hacienda Pública.
*e*)    Tratados o convenios que supongan modificación o derogación de alguna ley o exijan medidas legislativas para su ejecución.

2.    El Congreso y el Senado serán inmediatamente informados de la conclusión de los restantes tratados o convenios.

*Artículo 95*

1.    La celebración de un tratado internacional que contenga estipulaciones contrarias a la Constitución exigirá la previa revisión constitucional.
2.    El Gobierno o cualquiera de las Cámaras puede requerir al Tribunal Constitucional para que declare si existe o no esa contradicción.

---

*Art. 95.*    Ver L.O. 2/1979, de 3 de octubre, del Tribunal Constitucional, arts. 2.1.*e*) y 78.

## *Artículo 96*

1.   Los tratados internacionales válidamente celebrados, una vez publicados oficialmente en España, formarán parte del ordenamiento interno. Sus disposiciones sólo podrán ser derogadas, modificadas o suspendidas en la forma prevista en los propios tratados o de acuerdo con las normas generales del Derecho internacional.

2.   Para la denuncia de los tratados y convenios internacionales se utilizará el mismo procedimiento previsto para su aprobación en el artículo 94.

*Art. 96.*   Ver art. 1.5 del C.C.

# TÍTULO IV

## Del Gobierno y de la Administración

### Artículo 97

El Gobierno dirige la política interior y exterior, la Administración civil y militar y la defensa del Estado. Ejerce la función ejecutiva y la potestad reglamentaria de acuerdo con la Constitución y las leyes.

### Artículo 98

1.   El Gobierno se compone del Presidente, de los Vicepresidentes, en su caso, de los Ministros y de los demás miembros que establezca la ley.

2.   El Presidente dirige la acción del Gobierno y coordina las funciones de los demás miembros del mismo, sin perjuicio de la competencia y responsabilidad directa de éstos en su gestión.

3.   Los miembros del Gobierno no podrán ejercer otras funciones representativas que las propias del mandato parlamentario, ni cualquier otra función pública que no derive de su cargo, ni actividad profesional o mercantil alguna.

---

*Art. 97.*   Ley 50/1997, de 27 de noviembre, del Gobierno. Para la política económica, ver también Ley 12/1998, de 28 de abril, por la que se modifica la Ley 13/1994, de 1 de junio, de Autonomía del Banco de España.

*Art. 98.*   Ver Ley 40/2015, de 1 de octubre, de Régimen Jurídico del Sector Público, arts. 57 a 68. El R.D. 405/1992, de 24 de abril, establece el Estatuto de los ex-Presidentes del Gobierno.

4. La ley regulará el estatuto e incompatibilidades de los miembros del Gobierno.

## Artículo 99

1. Después de cada renovación del Congreso de los Diputados, y en los demás supuestos constitucionales en que así proceda, el Rey, previa consulta con los representantes designados por los Grupos políticos con representación parlamentaria, y a través del Presidente del Congreso, propondrá un candidato a la Presidencia del Gobierno.

2. El candidato propuesto conforme a lo previsto en el apartado anterior expondrá ante el Congreso de los Diputados el programa político del Gobierno que pretenda formar y solicitará la confianza de la Cámara.

3. Si el Congreso de los Diputados, por el voto de la mayoría absoluta de sus miembros, otorgare su confianza a dicho candidato, el Rey le nombrará Presidente. De no alcanzarse dicha mayoría, se someterá la misma propuesta a nueva votación cuarenta y ocho horas después de la anterior, y la confianza se entenderá otorgada si obtuviere la mayoría simple.

4. Si efectuadas las citadas votaciones no se otorgase la confianza para la investidura, se tramitarán sucesivas propuestas en la forma prevista en los apartados anteriores.

---

4. Ley 3/2015, de 30 de marzo, reguladora del ejercicio del alto cargo de la Administración General del Estado, desarrollada por el R.D. 1208/2018, de 28 de septiembre.

5.   Si transcurrido el plazo de dos meses, a partir de la primera votación de investidura, ningún candidato hubiere obtenido la confianza del Congreso, el Rey disolverá ambas Cámaras y convocará nuevas elecciones con el refrendo del Presidente del Congreso.

### *Artículo 100*

Los demás miembros del Gobierno serán nombrados y separados por el Rey, a propuesta de su Presidente.

### *Artículo 101*

1.   El Gobierno cesa tras la celebración de elecciones generales, en los casos de pérdida de la confianza parlamentaria previstos en la Constitución, o por dimisión o fallecimiento de su Presidente.

2.   El Gobierno cesante continuará en funciones hasta la toma de posesión del nuevo Gobierno.

### *Artículo 102*

1.   La responsabilidad criminal del Presidente y los demás miembros del Gobierno será exigible, en su caso, ante la Sala de lo Penal del Tribunal Supremo.

2.   Si la acusación fuere por traición o por cualquier delito contra la seguridad del Estado en el ejercicio de sus funciones, sólo podrá ser planteada por iniciativa de la cuarta parte de los miembros del Congreso, y con la aprobación de la mayoría absoluta del mismo.

3.    La prerrogativa real de gracia no será aplicable a ninguno de los supuestos del presente artículo.

### Artículo 103

1.    La Administración Pública sirve con objetividad los intereses generales y actúa de acuerdo con los principios de eficacia, jerarquía, descentralización, desconcentración y coordinación, con sometimiento pleno a la ley y al Derecho.

2.    Los órganos de la Administración del Estado son creados, regidos y coordinados de acuerdo con la ley.

3.    La ley regulará el estatuto de los funcionarios públicos, el acceso a la función pública de acuerdo con los principios de mérito y capacidad, las peculiaridades del ejercicio de su derecho a sindicación, el sistema de incompatibilidades y las garantías para la imparcialidad en el ejercicio de sus funciones.

---

*Art. 103.*    Ley 40/2015, de 1 de octubre, de Régimen Jurídico del Sector Público; Ley 30/1984, de 2 de agosto, de medidas para la reforma de la Función Pública; Ley 39/2015, de 1 de octubre, del Procedimiento Administrativo Común de las Administraciones Públicas.

3.    R.D. Legislativo 5/2015, de 30 de octubre, por el que se aprueba el texto refundido de la Ley del Estatuto Básico del Empleado Público. Para el régimen de incompatibilidades, Ley 53/1984, de 26 de diciembre, de incompatibilidades del personal al servicio de las Administraciones Públicas; R.D. 598/1985, de 30 de abril, sobre incompatibilidades del personal al servicio de las Administraciones Públicas.

## *Artículo 104*

1. Las Fuerzas y Cuerpos de seguridad, bajo la dependencia del Gobierno, tendrán como misión proteger el libre ejercicio de los derechos y libertades y garantizar la seguridad ciudadana.

2. Una ley orgánica determinará las funciones, principios básicos de actuación y estatutos de las Fuerzas y Cuerpos de seguridad.

## *Artículo 105*

La ley regulará:

*a)* La audiencia de los ciudadanos, directamente o a través de las organizaciones y asociaciones reconocidas por la ley, en el procedimiento de elaboración de las disposiciones administrativas que les afecten.

*b)* El acceso de los ciudadanos a los archivos y registros administrativos, salvo en lo que afecte a la seguridad y defensa del Estado, la averiguación de los delitos y la intimidad de las personas.

*c)* El procedimiento a través del cual deben producirse los actos administrativos, garantizando, cuando proceda, la audiencia del interesado.

---

*Art. 104.* L.O. 2/1986, de 13 de marzo, de Fuerzas y Cuerpos de Seguridad; L.O. 4/2015, de 30 de marzo, de protección de la seguridad ciudadana; L.O. 4/2010, de 20 de mayo, del régimen disciplinario del Cuerpo Nacional de Policía; Ley 29/2014, de 28 de noviembre, de Régimen del Personal de la Guardia Civil; L.O. 9/2015, de 28 de julio, de Régimen del Personal de la Policía Nacional; Ley 36/2015, de 28 de septiembre, de Seguridad Nacional.

*Art. 105.* Ley 39/2015, de 1 de octubre, del Procedimiento Administrativo Común de las Administraciones Públicas; Ley 40/2015, de 1 de octubre, de Régimen Jurídico del Sector Público, arts. 5 a 24; Ley 19/2013, de 9 de diciembre, de transparencia, acceso a la información pública y buen gobierno.

## Artículo 106

1. Los Tribunales controlan la potestad reglamentaria y la legalidad de la actuación administrativa, así como el sometimiento de ésta a los fines que la justifican.

2. Los particulares, en los términos establecidos por la ley, tendrán derecho a ser indemnizados por toda lesión que sufran en cualquiera de sus bienes y derechos, salvo en los casos de fuerza mayor, siempre que la lesión sea consecuencia del funcionamiento de los servicios públicos.

## Artículo 107

El Consejo de Estado es el supremo órgano consultivo del Gobierno. Una ley orgánica regulará su composición y competencia.

---

*Art. 106.* Ley 29/1998, de 13 de julio, reguladora de la Jurisdicción Contencioso-Administrativa.

*Art. 107.* L.O. 3/1980, de 22 de abril, del Consejo de Estado.

# TÍTULO V

## De las relaciones entre el Gobierno y las Cortes Generales

### Artículo 108

El Gobierno responde solidariamente en su gestión política ante el Congreso de los Diputados.

### Artículo 109

Las Cámaras y sus Comisiones podrán recabar, a través de los Presidentes de aquéllas, la información y ayuda que precisen del Gobierno y de sus Departamentos y de cualesquiera autoridades del Estado y de las Comunidades Autónomas.

### Artículo 110

1. Las Cámaras y sus Comisiones pueden reclamar la presencia de los miembros del Gobierno.

---

*Art. 108.*   Ver Reglamento del Congreso de los Diputados, arts. 170 a 179.

*Art. 109.*   Ver Reglamento del Congreso de los Diputados, arts. 7, 44, 202 y 203, y Reglamento del Senado, arts. 66.1 y 67.

*Art. 110.*   Ver Reglamento del Congreso de los Diputados, arts. 40.3, 44, 70.5, 202 y 203, y Reglamento del Senado, arts. 66 y 67.

2. Los miembros del Gobierno tienen acceso a las sesiones de las Cámaras y a sus Comisiones y la facultad de hacerse oír en ellas, y podrán solicitar que informen ante las mismas funcionarios de sus Departamentos.

### *Artículo 111*

1. El Gobierno y cada uno de sus miembros están sometidos a las interpelaciones y preguntas que se le formulen en las Cámaras. Para esta clase de debate los Reglamentos establecerán un tiempo mínimo semanal.

2. Toda interpelación podrá dar lugar a una moción en la que la Cámara manifieste su posición.

### *Artículo 112*

El Presidente del Gobierno, previa deliberación del Consejo de Ministros, puede plantear ante el Congreso de los Diputados la cuestión de confianza sobre su programa o sobre una declaración de política general. La confianza se entenderá otorgada cuando vote a favor de la misma la mayoría simple de los Diputados.

---

*Art. 111.* Ver Reglamento del Congreso de los Diputados, arts. 180 a 192 y disp. final 5.ª, y Reglamento del Senado, arts. 160 a 173.

*Art. 112.* Ver Reglamento del Congreso de los Diputados, arts. 85.2, 173 y 174.

## Artículo 113

1. El Congreso de los Diputados puede exigir la responsabilidad política del Gobierno mediante la adopción por mayoría absoluta de la moción de censura.

2. La moción de censura deberá ser propuesta al menos por la décima parte de los Diputados, y habrá de incluir un candidato a la Presidencia del Gobierno.

3. La moción de censura no podrá ser votada hasta que transcurran cinco días desde su presentación. En los dos primeros días de dicho plazo podrán presentarse mociones alternativas.

4. Si la moción de censura no fuere aprobada por el Congreso, sus signatarios no podrán presentar otra durante el mismo período de sesiones.

## Artículo 114

1. Si el Congreso niega su confianza al Gobierno, éste presentará su dimisión al Rey, procediéndose a continuación a la designación de Presidente del Gobierno, según lo dispuesto en el artículo 99.

2. Si el Congreso adopta una moción de censura, el Gobierno presentará su dimisión al Rey y el candidato incluido en aquélla se entenderá investido de la confianza de la Cámara a los efectos previstos en el artículo 99. El Rey le nombrará Presidente del Gobierno.

---

*Art. 113.*    Ver Reglamento del Congreso de los Diputados, arts. 85.2 y 175 a 179.

*Art. 114.*    Ver Reglamento del Congreso de los Diputados, art. 178.

## Artículo 115

1. El Presidente del Gobierno, previa deliberación del Consejo de Ministros, y bajo su exclusiva responsabilidad, podrá proponer la disolución del Congreso, del Senado o de las Cortes Generales, que será decretada por el Rey. El decreto de disolución fijará la fecha de las elecciones.

2. La propuesta de disolución no podrá presentarse cuando esté en trámite una moción de censura.

3. No procederá nueva disolución antes de que transcurra un año desde la anterior, salvo lo dispuesto en el artículo 99, apartado 5.

## Artículo 116

1. Una ley orgánica regulará los estados de alarma, de excepción y de sitio, y las competencias y limitaciones correspondientes.

2. El estado de alarma será declarado por el Gobierno mediante decreto acordado en Consejo de Ministros por un plazo máximo de quince días, dando cuenta al Congreso de los Diputados, reunido inmediatamente al efecto y sin cuya autorización no podrá ser prorrogado dicho plazo. El decreto determinará el ámbito territorial a que se extienden los efectos de la declaración.

---

*Art. 115.* Ver Reglamento del Congreso de los Diputados, arts. 22.3, 57.1 y 207 y Reglamento del Senado, arts. 18.*e*), 45.3 y disp. adicional 1.ª

*Art. 116.* 1. Ver L.O. 4/1981, de 1 de junio, de los estados de alarma, excepción y sitio, y Reglamento del Congreso de los Diputados, arts. 162 a 165.

2. El R.D. 1673/2010, de 4 de diciembre, declaró el estado de alarma para la normalización del servicio público esencial del transporte aéreo. RR.DD. 463/2020, de 14 de marzo; 900/2020 de 9 de octubre, y 926/2020, de 25 de octubre, por los que se declara el estado de alarma para la gestión de la situación de crisis sanitaria ocasionada por la COVID-19.

3. El estado de excepción será declarado por el Gobierno mediante decreto acordado en Consejo de Ministros, previa autorización del Congreso de los Diputados. La autorización y proclamación del estado de excepción deberá determinar expresamente los efectos del mismo, el ámbito territorial a que se extiende y su duración, que no podrá exceder de treinta días, prorrogables por otro plazo igual, con los mismos requisitos.

4. El estado de sitio será declarado por la mayoría absoluta del Congreso de los Diputados, a propuesta exclusiva del Gobierno. El Congreso determinará su ámbito territorial, duración y condiciones.

5. No podrá procederse a la disolución del Congreso mientras estén declarados algunos de los estados comprendidos en el presente artículo, quedando automáticamente convocadas las Cámaras si no estuvieren en período de sesiones. Su funcionamiento, así como el de los demás poderes constitucionales del Estado, no podrán interrumpirse durante la vigencia de estos estados.

Disuelto el Congreso o expirado su mandato, si se produjere alguna de las situaciones que dan lugar a cualquiera de dichos estados, las competencias del Congreso serán asumidas por su Diputación Permanente.

6. La declaración de los estados de alarma, de excepción y de sitio no modificarán el principio de responsabilidad del Gobierno y de sus agentes reconocidos en la Constitución y en las leyes.

# TÍTULO VI

## Del Poder Judicial

### Artículo 117

1. La justicia emana del pueblo y se administra en nombre del Rey por Jueces y Magistrados integrantes del poder judicial, independientes, inamovibles, responsables y sometidos únicamente al imperio de la ley.

2. Los Jueces y Magistrados no podrán ser separados, suspendidos, trasladados ni jubilados, sino por alguna de las causas y con las garantías previstas en la ley.

3. El ejercicio de la potestad jurisdiccional en todo tipo de procesos, juzgando y haciendo ejecutar lo juzgado, corresponde exclusivamente a los Juzgados y Tribunales determinados por las leyes, según las normas de competencia y procedimiento que las mismas establezcan.

4. Los Juzgados y Tribunales no ejercerán más funciones que las señaladas en el apartado anterior y las que expresamente les sean atribuidas por ley en garantía de cualquier derecho.

5. El principio de unidad jurisdiccional es la base de la organización y funcionamiento de los Tribunales. La ley

---

*Art. 117.* 1. L.O. 6/1985, de 1 de julio, del Poder Judicial.

3. L.O. 2/1987, de 18 de mayo, de Conflictos Jurisdiccionales; L.O. 1/2025, de 2 de enero, de medidas en materia de eficiencia del Servicio Público de Justicia.

4. Ley 15/2015, de 2 de julio, de la Jurisdicción Voluntaria.

5. L.O. 4/1987, de 15 de julio, de la Competencia y Organización de la Jurisdicción Militar; Ley 44/1998, de 15 de diciembre, de Planta y Organización Territorial de la Jurisdicción Militar; L.O. 14/2015, de 5 de octubre, del Código Penal Militar.

regulará el ejercicio de la jurisdicción militar en el ámbito estrictamente castrense y en los supuestos de estado de sitio, de acuerdo con los principios de la Constitución.

6. Se prohíben los Tribunales de excepción.

### Artículo 118

Es obligado cumplir las sentencias y demás resoluciones firmes de los Jueces y Tribunales, así como prestar la colaboración requerida por éstos en el curso del proceso y en la ejecución de lo resuelto.

### Artículo 119

La justicia será gratuita cuando así lo disponga la ley y, en todo caso, respecto de quienes acrediten insuficiencia de recursos para litigar.

### Artículo 120

1. Las actuaciones judiciales serán públicas, con las excepciones que prevean las leyes de procedimiento.

2. El procedimiento será predominantemente oral, sobre todo en materia criminal.

3. Las sentencias serán siempre motivadas y se pronunciarán en audiencia pública.

---

*Art. 119.* Ley 1/1996, de 10 de enero, de Asistencia Jurídica Gratuita, y R.D. 141/2021, de 9 de marzo, por el que se aprueba su Reglamento.

## Artículo 121

Los daños causados por error judicial, así como los que sean consecuencia del funcionamiento anormal de la Administración de Justicia, darán derecho a una indemnización a cargo del Estado, conforme a la ley.

## Artículo 122

1. La ley orgánica del poder judicial determinará la constitución, funcionamiento y gobierno de los Juzgados y Tribunales, así como el estatuto jurídico de los Jueces y Magistrados de carrera, que formarán un Cuerpo único, y del personal al servicio de la Administración de Justicia.

2. El Consejo General del Poder Judicial es el órgano de gobierno del mismo. La ley orgánica establecerá su estatuto y el régimen de incompatibilidades de sus miembros y sus funciones, en particular en materia de nombramientos, ascensos, inspección y régimen disciplinario.

---

*Art. 121.* L.O. 6/1985, de 1 de julio, del Poder Judicial, arts. 292 a 297.

*Art. 122.* 1. L.O. 6/1985, de 1 de julio, del Poder Judicial; Reglamento 2/2011, de 28 de abril, de la Carrera Judicial; Reglamento 3/1995, de Jueces de Paz, aprobado por acuerdo del C.G.P.J. de 7 de junio de 1995; Reglamento 1/2000, de 21 de julio, de órganos de gobierno de los Tribunales.

2. L.O. 6/1985, citada; Reglamento de Organización y Funcionamiento del Consejo General del Poder Judicial, aprobado por Acuerdo de 22 de abril de 1986; L.O. 1/1985, de 18 de enero, de Incompatibilidades del personal al servicio del Tribunal Constitucional, Consejo General del Poder Judicial, componentes del Poder Judicial y personal al servicio de la Administración de Justicia, Tribunal de Cuentas y Consejo de Estado.

3. El Consejo General del Poder Judicial estará integrado por el Presidente del Tribunal Supremo, que lo presidirá, y por veinte miembros nombrados por el Rey por un período de cinco años. De éstos, doce entre Jueces y Magistrados de todas las categorías judiciales, en los términos que establezca la ley orgánica; cuatro a propuesta del Congreso de los Diputados, y cuatro a propuesta del Senado, elegidos en ambos casos por mayoría de tres quintos de sus miembros, entre abogados y otros juristas, todos ellos de reconocida competencia y con más de quince años de ejercicio en su profesión.

## Artículo 123

1. El Tribunal Supremo, con jurisdicción en toda España, es el órgano jurisdiccional superior en todos los órdenes, salvo lo dispuesto en materia de garantías constitucionales.

2. El Presidente del Tribunal Supremo será nombrado por el Rey, a propuesta del Consejo General del Poder Judicial, en la forma que determine la ley.

## Artículo 124

1. El Ministerio Fiscal, sin perjuicio de las funciones encomendadas a otros órganos, tiene por misión promover la acción de la justicia en defensa de la legalidad, de los

---

*Art. 123.* 2. Art. 123 de la L.O. del Poder Judicial.

derechos de los ciudadanos y del interés público tutelado por la ley, de oficio o a petición de los interesados, así como velar por la independencia de los Tribunales y procurar ante éstos la satisfacción del interés social.

2. El Ministerio Fiscal ejerce sus funciones por medio de órganos propios conforme a los principios de unidad de actuación y dependencia jerárquica y con sujeción, en todo caso, a los de legalidad e imparcialidad.

3. La ley regulará el estatuto orgánico del Ministerio Fiscal.

4. El Fiscal General del Estado será nombrado por el Rey, a propuesta del Gobierno, oído el Consejo General del Poder Judicial.

### Artículo 125

Los ciudadanos podrán ejercer la acción popular y participar en la Administración de Justicia mediante la institución del Jurado, en la forma y con respecto a aquellos procesos penales que la ley determine, así como en los Tribunales consuetudinarios y tradicionales.

---

*Art. 124.* 3. Ver Ley 50/1981, de 30 de diciembre, por la que se regula el Estatuto Orgánico del Ministerio Fiscal, R.D. 305/2022, de 3 de mayo, por el que se aprueba el Reglamento del Ministerio Fiscal.

4. Ver Estatuto Orgánico del Ministerio Fiscal, citado, art. 29.

*Art. 125.* L.O. 5/1995, de 22 de mayo, del Tribunal del Jurado.

## Artículo 126

La policía judicial depende de los Jueces, de los Tribunales y del Ministerio Fiscal en sus funciones de averiguación del delito y descubrimiento y aseguramiento del delincuente, en los términos que la ley establezca.

## Artículo 127

1. Los Jueces y Magistrados, así como los Fiscales mientras se hallen en activo, no podrán desempeñar otros cargos públicos, ni pertenecer a partidos políticos o sindicatos. La ley establecerá el sistema y modalidades de asociación profesional de los Jueces, Magistrados y Fiscales.

2. La ley establecerá el régimen de incompatibilidades de los miembros del poder judicial, que deberá asegurar la total independencia de los mismos.

---

*Art. 126.* L.O. 2/1986, de 13 de marzo, de Fuerzas y Cuerpos de Seguridad.

*Art. 127.* Ver L.O. 6/1985, de 1 de julio, citada, arts. 389 a 397; Estatuto Orgánico del Ministerio Fiscal, citado, arts. 57 a 59; L.O. 1/1985, de 18 de enero, de Incompatibilidades..., citada.

# TÍTULO VII

## Economía y Hacienda

### Artículo 128

1. Toda la riqueza del país en sus distintas formas y sea cual fuere su titularidad está subordinada al interés general.

2. Se reconoce la iniciativa pública en la actividad económica. Mediante ley se podrá reservar al sector público recursos o servicios esenciales, especialmente en caso de monopolio y asimismo acordar la intervención de empresas cuando así lo exigiere el interés general.

### Artículo 129

1. La ley establecerá las formas de participación de los interesados en la Seguridad Social y en la actividad de los organismos públicos cuya función afecte directamente a la calidad de la vida o al bienestar general.

2. Los poderes públicos promoverán eficazmente las diversas formas de participación en la empresa y fomentarán, mediante una legislación adecuada, las sociedades cooperativas. También establecerán los medios que faciliten

---

*Art. 129.* 1. R.D. Legislativo 8/2015, de 30 de octubre, por el que se aprueba el texto refundido de la Ley General de la Seguridad Social.

2. Ley 27/1999, de 16 de julio, de Cooperativas; Ley 44/2015, de 14 de octubre, de Sociedades Laborales y Participadas; Ley 5/2011, de 29 de marzo, de Economía Social.

el acceso de los trabajadores a la propiedad de los medios de producción.

### Artículo 130

1.    Los poderes públicos atenderán a la modernización y desarrollo de todos los sectores económicos y, en particular, de la agricultura, de la ganadería, de la pesca y de la artesanía, a fin de equiparar el nivel de vida de todos los españoles.

2.    Con el mismo fin se dispensará un tratamiento especial a las zonas de montaña.

### Artículo 131

1.    El Estado, mediante ley, podrá planificar la actividad económica general para atender a las necesidades colectivas, equilibrar y armonizar el desarrollo regional y sectorial y estimular el crecimiento de la renta y de la riqueza y su más justa distribución.

2.    El Gobierno elaborará los proyectos de planificación, de acuerdo con las previsiones que le sean suministradas por las Comunidades Autónomas y el asesoramiento y colaboración de los sindicatos y otras organizaciones profesionales, empresariales y económicas. A tal fin se constituirá

---

*Art. 130.*    Ley 49/2003, de 26 de noviembre, de Arrendamientos Rústicos; Ley 25/1982, de 30 de junio, de Agricultura de Montaña.

*Art. 131.*    Ley 21/1991, de 17 de junio, por la que se crea el Consejo Económico y Social.

un Consejo, cuya composición y funciones se desarrollarán por ley.

### Artículo 132

1. La ley regulará el régimen jurídico de los bienes de dominio público y de los comunales, inspirándose en los principios de inalienabilidad, imprescriptibilidad e inembargabilidad, así como su desafectación.

2. Son bienes de dominio público estatal los que determine la ley y, en todo caso, la zona marítimo-terrestre, las playas, el mar territorial y los recursos naturales de la zona económica y la plataforma continental.

3. Por ley se regularán el Patrimonio del Estado y el Patrimonio Nacional, su administración, defensa y conservación.

### Artículo 133

1. La potestad originaria para establecer los tributos corresponde exclusivamente al Estado, mediante ley.

---

*Art. 132.* 1. C.C., arts. 338 y ss.; Ley 33/2003, de 3 de noviembre, del Patrimonio de las Administraciones Públicas.

2. Ley 10/1977, de 4 de enero, sobre Mar Territorial; Ley 15/1978, de 20 de febrero, sobre Zona Económica; Ley 22/1988, de 28 de julio, de Costas.

3. Ley 23/1982, de 16 de junio, reguladora del Patrimonio Nacional, y su Reglamento, aprobado por R.D. 496/1987, de 18 de marzo; Ley 16/1985, de 25 de junio, del Patrimonio Histórico Español.

*Art. 133.* 1. Ley 58/2003, de 17 de diciembre, General Tributaria.

2. Las Comunidades Autónomas y las Corporaciones locales podrán establecer y exigir tributos, de acuerdo con la Constitución y las leyes.

3. Todo beneficio fiscal que afecte a los tributos del Estado deberá establecerse en virtud de ley.

4. Las administraciones públicas sólo podrán contraer obligaciones financieras y realizar gastos de acuerdo con las leyes.

## Artículo 134

1. Corresponde al Gobierno la elaboración de los Presupuestos Generales del Estado y a las Cortes Generales su examen, enmienda y aprobación.

2. Los Presupuestos Generales del Estado tendrán carácter anual, incluirán la totalidad de los gastos e ingresos del sector público estatal y en ellos se consignará el importe de los beneficios fiscales que afecten a los tributos del Estado.

3. El Gobierno deberá presentar ante el Congreso de los Diputados los Presupuestos Generales del Estado al menos tres meses antes de la expiración de los del año anterior.

4. Si la Ley de Presupuestos no se aprobara antes del primer día del ejercicio económico correspondiente, se considerarán automáticamente prorrogados los Presupuestos del ejercicio anterior hasta la aprobación de los nuevos.

---

2. R.D. Legislativo 2/2004, de 5 de marzo, por el que se aprueba el texto refundido de la Ley reguladora de las Haciendas Locales; L.O. 8/1980, de 22 de septiembre, de Financiación de las CC.AA.

Art. 134. Ley 47/2003, de 26 de noviembre, General Presupuestaria; Ley 11/1995, de 11 de mayo, reguladora de la utilización y control de los créditos destinados a gastos reservados.

5. Aprobados los Presupuestos Generales del Estado, el Gobierno podrá presentar proyectos de ley que impliquen aumento del gasto público o disminución de los ingresos correspondientes al mismo ejercicio presupuestario.

6. Toda proposición o enmienda que suponga aumento de los créditos o disminución de los ingresos presupuestarios requerirá la conformidad del Gobierno para su tramitación.

7. La Ley de Presupuestos no puede crear tributos. Podrá modificarlos cuando una ley tributaria sustantiva así lo prevea.

## Artículo 135

1. Todas las Administraciones Públicas adecuarán sus actuaciones al principio de estabilidad presupuestaria.

2. El Estado y las Comunidades Autónomas no podrán incurrir en un déficit estructural que supere los márgenes establecidos, en su caso, por la Unión Europea para sus Estados Miembros.

Una ley orgánica fijará el déficit estructural máximo permitido al Estado y a las Comunidades Autónomas, en relación con su producto interior bruto. Las Entidades Locales deberán presentar equilibrio presupuestario.

---

*Art. 135.* Redactado según la Reforma de la Constitución de 27 de septiembre de 2011 (*B.O.E.* de 27 de septiembre).

2 y 5. L.O. 2/2012, de 27 de abril, de Estabilidad Presupuestaria y Sostenibilidad Financiera.

3. El Estado y las Comunidades Autónomas habrán de estar autorizados por ley para emitir deuda pública o contraer crédito.

Los créditos para satisfacer los intereses y el capital de la deuda pública de las Administraciones se entenderán siempre incluidos en el estado de gastos de sus presupuestos y su pago gozará de prioridad absoluta. Estos créditos no podrán ser objeto de enmienda o modificación, mientras se ajusten a las condiciones de la ley de emisión.

El volumen de deuda pública del conjunto de las Administraciones Públicas en relación con el producto interior bruto del Estado no podrá superar el valor de referencia establecido en el Tratado de Funcionamiento de la Unión Europea.

4. Los límites de déficit estructural y de volumen de deuda pública sólo podrán superarse en caso de catástrofes naturales, recesión económica o situaciones de emergencia extraordinaria que escapen al control del Estado y perjudiquen considerablemente la situación financiera o la sostenibilidad económica o social del Estado, apreciadas por la mayoría absoluta de los miembros del Congreso de los Diputados.

5. Una ley orgánica desarrollará los principios a que se refiere este artículo, así como la participación, en los procedimientos respectivos, de los órganos de coordinación institucional entre las Administraciones Públicas en materia de política fiscal y financiera. En todo caso, regulará:

*a)* La distribución de los límites de déficit y de deuda entre las distintas Administraciones Públicas, los supuestos excepcionales de superación de los mismos y la forma y plazo de corrección de las desviaciones que sobre uno y otro pudieran producirse.

*b)* La metodología y el procedimiento para el cálculo del déficit estructural.

*c*) La responsabilidad de cada Administración Pública en caso de incumplimiento de los objetivos de estabilidad presupuestaria.

6. Las Comunidades Autónomas, de acuerdo con sus respectivos Estatutos y dentro de los límites a que se refiere este artículo, adoptarán las disposiciones que procedan para la aplicación efectiva del principio de estabilidad en sus normas y decisiones presupuestarias.

## *Artículo 136*

1. El Tribunal de Cuentas es el supremo órgano fiscalizador de las cuentas y de la gestión económica del Estado, así como del sector público.

Dependerá directamente de las Cortes Generales y ejercerá sus funciones por delegación de ellas en el examen y comprobación de la Cuenta General del Estado.

2. Las cuentas del Estado y del sector público estatal se rendirán al Tribunal de Cuentas y serán censuradas por éste.

El Tribunal de Cuentas, sin perjuicio de su propia jurisdicción, remitirá a las Cortes Generales un informe anual en el que, cuando proceda, comunicará las infracciones o responsabilidades en que, a su juicio, se hubiere incurrido.

3. Los miembros del Tribunal de Cuentas gozarán de la misma independencia e inamovilidad y estarán sometidos a las mismas incompatibilidades que los Jueces.

4. Una ley orgánica regulará la composición, organización y funciones del Tribunal de Cuentas.

---

*Art. 136.* L.O. 2/1982, de 12 de mayo, del Tribunal de Cuentas; Ley 7/1988, de 5 de abril, de Funcionamiento del Tribunal de Cuentas.

# TÍTULO VIII

## De la organización territorial del Estado

## CAPÍTULO PRIMERO

### PRINCIPIOS GENERALES

### *Artículo 137*

El Estado se organiza territorialmente en municipios, en provincias y en las Comunidades Autónomas que se constituyan. Todas estas entidades gozan de autonomía para la gestión de sus respectivos intereses.

### *Artículo 138*

1. El Estado garantiza la realización efectiva del principio de solidaridad consagrado en el artículo 2 de la Constitución, velando por el establecimiento de un equilibrio económico, adecuado y justo entre las diversas partes del territorio español, y atendiendo en particular a las circunstancias del hecho insular.

2. Las diferencias entre los Estatutos de las distintas Comunidades Autónomas no podrán implicar, en ningún caso, privilegios económicos o sociales.

## Artículo 139

1. Todos los españoles tienen los mismos derechos y obligaciones en cualquier parte del territorio del Estado.
2. Ninguna autoridad podrá adoptar medidas que directa o indirectamente obstaculicen la libertad de circulación y establecimiento de las personas y la libre circulación de bienes en todo el territorio español.

## CAPÍTULO SEGUNDO

### DE LA ADMINISTRACIÓN LOCAL

## Artículo 140

La Constitución garantiza la autonomía de los municipios. Éstos gozarán de personalidad jurídica plena. Su gobierno y administración corresponde a sus respectivos Ayuntamientos, integrados por los Alcaldes y los Concejales. Los Concejales serán elegidos por los vecinos del municipio mediante sufragio universal, igual, libre, directo y secreto, en la forma establecida por la ley. Los Alcaldes serán elegidos por los Concejales o por los vecinos. La ley regulará las condiciones en las que proceda el régimen del concejo abierto.

---

*Art. 139.* Ley 20/2013, de 9 de diciembre, de garantía de la unidad de mercado.

*Art. 140.* Ley 7/1985, de 2 de abril, reguladora de las Bases del Régimen Local, Título II; R.D. 2568/1986, de 28 de noviembre, por el que se aprueba el Reglamento de organización, funcionamiento y régimen jurídico de las Entidades Locales; Ley 57/2003, de 16 de diciembre, de Medidas para la Modernización del Gobierno Local; L.O. 5/1985, de 19 de junio, del Régimen Electoral General, Título III.

## *Artículo 141*

1. La provincia es una entidad local con personalidad jurídica propia, determinada por la agrupación de municipios y división territorial para el cumplimiento de las actividades del Estado. Cualquier alteración de los límites provinciales habrá de ser aprobada por las Cortes Generales mediante ley orgánica.

2. El gobierno y la administración autónoma de las provincias estarán encomendados a Diputaciones u otras Corporaciones de carácter representativo.

3. Se podrán crear agrupaciones de municipios diferentes de la provincia.

4. En los archipiélagos, las islas tendrán además su administración propia en forma de Cabildos o Consejos.

## *Artículo 142*

Las Haciendas locales deberán disponer de los medios suficientes para el desempeño de las funciones que la ley atribuye a las Corporaciones respectivas y se nutrirán fundamentalmente de tributos propios y de participación en los del Estado y de las Comunidades Autónomas.

---

*Art. 141.* 1. Ley 7/1985, de 2 de abril, reguladora de las Bases del Régimen Local, Título III; Ley 40/2015, de 1 de octubre, de Régimen Jurídico del Sector Público, arts. 69 y 70.

2. L.O. 5/1985, de 19 de junio, de Régimen Electoral General, Título V; Ley 12/1983, de 14 de octubre, del Proceso Autonómico, Título II.

*Art. 142.* R.D. Legislativo 2/2004, de 5 de marzo, por el que se aprueba el texto refundido de la Ley reguladora de las Haciendas Locales.

# CAPÍTULO TERCERO

## De las Comunidades Autónomas

### Artículo 143

1.   En el ejercicio del derecho a la autonomía reconocido en el artículo 2 de la Constitución, las provincias limítrofes con características históricas, culturales y económicas comunes, los territorios insulares y las provincias con entidad regional histórica podrán acceder a su autogobierno y constituirse en Comunidades Autónomas con arreglo a lo previsto en este Título y en los respectivos Estatutos.

2.   La iniciativa del proceso autonómico corresponde a todas las Diputaciones interesadas o al órgano interinsular correspondiente y a las dos terceras partes de los municipios cuya población represente, al menos, la mayoría del censo electoral de cada provincia o isla. Estos requisitos deberán ser cumplidos en el plazo de seis meses desde el primer acuerdo adoptado al respecto por alguna de las Corporaciones locales interesadas.

3.   La iniciativa, en caso de no prosperar, solamente podrá reiterarse pasados cinco años.

### Artículo 144

Las Cortes Generales, mediante ley orgánica, podrán, por motivos de interés nacional:

*a)*   Autorizar la constitución de una Comunidad Autónoma cuando su ámbito territorial no supere el de una

---

*Art. 144.*   Ver art. 136 del Reglamento del Congreso de los Diputados.

*a)*   L.O. 6/1982, de 7 de julio, por la que se autoriza la constitución de la Comunidad Autónoma de Madrid.

provincia y no reúna las condiciones del apartado 1 del artículo 143.

*b)* Autorizar o acordar, en su caso, un Estatuto de autonomía para territorios que no estén integrados en la organización provincial.

*c)* Sustituir la iniciativa de las Corporaciones locales a que se refiere el apartado 2 del artículo 143.

### *Artículo 145*

1. En ningún caso se admitirá la federación de Comunidades Autónomas.

2. Los Estatutos podrán prever los supuestos, requisitos y términos en que las Comunidades Autónomas podrán celebrar convenios entre sí para la gestión y prestación de servicios propios de las mismas, así como el carácter y efectos de la correspondiente comunicación a las Cortes Generales. En los demás supuestos, los acuerdos de cooperación entre las Comunidades Autónomas necesitarán la autorización de las Cortes Generales.

---

*b)* L.O. 1/1995, de 13 de marzo, de Estatuto de Autonomía de Ceuta; L.O. 2/1995, de 13 de marzo, de Estatuto de Autonomía de Melilla.

*c)* L.O. 13/1980, de 16 de diciembre, de sustitución en la provincia de Almería de la iniciativa autonómica; L.O. 5/1983, de 1 de marzo, por la que se aplica el art. 144.*c)* de la Constitución a la provincia de Segovia.

### *Artículo 146*

El proyecto de Estatuto será elaborado por una asamblea compuesta por los miembros de la Diputación u órgano interinsular de las provincias afectadas y por los Diputados y Senadores elegidos en ellas y será elevado a las Cortes Generales para su tramitación como ley.

### *Artículo 147*

1.   Dentro de los términos de la presente Constitución, los Estatutos serán la norma institucional básica de cada Comunidad Autónoma y el Estado los reconocerá y amparará como parte integrante de su ordenamiento jurídico.

2.   Los Estatutos de autonomía deberán contener:

*a)*   La denominación de la Comunidad que mejor corresponda a su identidad histórica.

*b)*   La delimitación de su territorio.

*c)*   La denominación, organización y sede de las instituciones autónomas propias.

*d)*   Las competencias asumidas dentro del marco establecido en la Constitución y las bases para el traspaso de los servicios correspondientes a las mismas.

---

*Art. 146.*   L.O. 12/2015, de 22 de septiembre, de modificación de la L.O. del Tribunal Constitucional, para el establecimiento del recurso previo de inconstitucionalidad para los Proyectos de Ley Orgánica de Estatuto de Autonomía o de su modificación.

*Art. 147.*   Ver «Nota adicional sobre los Estatutos de Autonomía» en esta misma edición.

3. La reforma de los Estatutos se ajustará al procedimiento establecido en los mismos y requerirá, en todo caso, la aprobación por las Cortes Generales, mediante ley orgánica.

## Artículo 148

1. Las Comunidades Autónomas podrán asumir competencias en las siguientes materias:

1.ª Organización de sus instituciones de autogobierno.

2.ª Las alteraciones de los términos municipales comprendidos en su territorio y, en general, las funciones que correspondan a la Administración del Estado sobre las Corporaciones locales y cuya transferencia autorice la legislación sobre Régimen Local.

3.ª Ordenación del territorio, urbanismo y vivienda.

4.ª Las obras públicas de interés de la Comunidad Autónoma en su propio territorio.

5.ª Los ferrocarriles y carreteras cuyo itinerario se desarrolle íntegramente en el territorio de la Comunidad Autónoma y, en los mismos términos, el transporte desarrollado por estos medios o por cable.

6.ª Los puertos de refugio, los puertos y aeropuertos deportivos y, en general, los que no desarrollen actividades comerciales.

7.ª La agricultura y ganadería, de acuerdo con la ordenación general de la economía.

8.ª Los montes y aprovechamientos forestales.

9.ª La gestión en materia de protección del medio ambiente.

10.ª Los proyectos, construcción y explotación de los aprovechamientos hidráulicos, canales y regadíos de interés de la Comunidad Autónoma; las aguas minerales y termales.

11.ª La pesca en aguas interiores, el marisqueo y la acuicultura, la caza y la pesca fluvial.

12.ª Ferias interiores.

13.ª El fomento del desarrollo económico de la Comunidad Autónoma dentro de los objetivos marcados por la política económica nacional.

14.ª La artesanía.

15.ª Museos, bibliotecas y conservatorios de música de interés para la Comunidad Autónoma.

16.ª Patrimonio monumental de interés de la Comunidad Autónoma.

17.ª El fomento de la cultura, de la investigación y, en su caso, de la enseñanza de la lengua de la Comunidad Autónoma.

18.ª Promoción y ordenación del turismo en su ámbito territorial.

19.ª Promoción del deporte y de la adecuada utilización del ocio.

20.ª Asistencia social.

21.ª Sanidad e higiene.

22.ª La vigilancia y protección de sus edificios e instalaciones. La coordinación y demás facultades en relación con las policías locales en los términos que establezca una ley orgánica.

2. Transcurridos cinco años, y mediante la reforma de sus Estatutos, las Comunidades Autónomas podrán ampliar sucesivamente sus competencias dentro del marco establecido en el artículo 149.

## Artículo 149

1. El Estado tiene competencia exclusiva sobre las siguientes materias:

1.ª La regulación de las condiciones básicas que garanticen la igualdad de todos los españoles en el ejercicio de los derechos y en el cumplimiento de los deberes constitucionales.

2.ª Nacionalidad, inmigración, emigración, extranjería y derecho de asilo.

3.ª Relaciones internacionales.

4.ª Defensa y Fuerzas Armadas.

5.ª Administración de Justicia.

6.ª Legislación mercantil, penal y penitenciaria; legislación procesal, sin perjuicio de las necesarias especialidades que en este orden se deriven de las particularidades del derecho sustantivo de las Comunidades Autónomas.

7.ª Legislación laboral; sin perjuicio de su ejecución por los órganos de las Comunidades Autónomas.

8.ª Legislación civil, sin perjuicio de la conservación, modificación y desarrollo por las Comunidades Autónomas de los derechos civiles, forales o especiales, allí donde existan. En todo caso, las reglas relativas a la aplicación y eficacia de las normas jurídicas, relaciones jurídico-civiles relativas a las formas de matrimonio, ordenación de los registros e instrumentos públicos, bases de las obligaciones contractuales, normas para resolver los conflictos de leyes y determinación de las fuentes del Derecho, con respeto, en este último caso, a las normas de derecho foral o especial.

9.ª Legislación sobre propiedad intelectual e industrial.

10.ª Régimen aduanero y arancelario; comercio exterior.

11.ª Sistema monetario: divisas, cambio y convertibilidad; bases de la ordenación de crédito, banca y seguros.

12.ª Legislación sobre pesas y medidas, determinación de la hora oficial.

13.ª Bases y coordinación de la planificación general de la actividad económica.

14.ª Hacienda general y Deuda del Estado.

15.ª Fomento y coordinación general de la investigación científica y técnica.

16.ª Sanidad exterior. Bases y coordinación general de la sanidad. Legislación sobre productos farmacéuticos.

17.ª Legislación básica y régimen económico de la Seguridad Social, sin perjuicio de la ejecución de sus servicios por las Comunidades Autónomas.

18.ª Las bases del régimen jurídico de las Administraciones Públicas y del régimen estatutario de sus funcionarios que, en todo caso, garantizarán a los administrados un tratamiento común ante ellas; el procedimiento administrativo común, sin perjuicio de las especialidades derivadas de la organización propia de las Comunidades Autónomas; legislación sobre expropiación forzosa; legislación básica sobre contratos y concesiones administrativas y el sistema de responsabilidad de todas las Administraciones Públicas.

19.ª Pesca marítima, sin perjuicio de las competencias que en la ordenación del sector se atribuyan a las Comunidades Autónomas.

20.ª Marina mercante y abanderamiento de buques; iluminación de costas y señales marítimas; puertos de interés general; aeropuertos de interés general; control del espacio aéreo, tránsito y transporte aéreo, servicio meteorológico y matriculación de aeronaves.

21.ª Ferrocarriles y transportes terrestres que transcurran por el territorio de más de una Comunidad Autónoma; régimen general de comunicaciones; tráfico y circulación de vehículos a motor; correos y telecomunicaciones; cables aéreos, submarinos y radiocomunicación.

22.ª   La legislación, ordenación y concesión de recursos y aprovechamientos hidráulicos cuando las aguas discurran por más de una Comunidad Autónoma, y la autorización de las instalaciones eléctricas cuando su aprovechamiento afecte a otra Comunidad o el transporte de energía salga de su ámbito territorial.

23.ª   Legislación básica sobre protección del medio ambiente, sin perjuicio de las facultades de las Comunidades Autónomas de establecer normas adicionales de protección. La legislación básica sobre montes, aprovechamientos forestales y vías pecuarias.

24.ª   Obras públicas de interés general o cuya realización afecte a más de una Comunidad Autónoma.

25.ª   Bases del régimen minero y energético.

26.ª   Régimen de producción, comercio, tenencia y uso de armas y explosivos.

27.ª   Normas básicas del régimen de prensa, radio y televisión y, en general, de todos los medios de comunicación social, sin perjuicio de las facultades que en su desarrollo y ejecución correspondan a las Comunidades Autónomas.

28.ª   Defensa del patrimonio cultural, artístico y monumental español contra la exportación y la expoliación; museos, bibliotecas y archivos de titularidad estatal, sin perjuicio de su gestión por parte de las Comunidades Autónomas.

29.ª   Seguridad pública, sin perjuicio de la posibilidad de creación de policías por las Comunidades Autónomas en la forma que se establezca en los respectivos Estatutos en el marco de lo que disponga una ley orgánica.

30.ª   Regulación de las condiciones de obtención, expedición y homologación de títulos académicos y profesionales y normas básicas para el desarrollo del artículo 27 de la Constitución, a fin de garantizar el cumplimiento de las obligaciones de los poderes públicos en esta materia.

31.ª Estadística para fines estatales.

32.ª Autorización para la convocatoria de consultas populares por vía de referéndum.

2. Sin perjuicio de las competencias que podrán asumir las Comunidades Autónomas, el Estado considerará el servicio de la cultura como deber y atribución esencial y facilitará la comunicación cultural entre las Comunidades Autónomas, de acuerdo con ellas.

3. Las materias no atribuidas expresamente al Estado por esta Constitución podrán corresponder a las Comunidades Autónomas, en virtud de sus respectivos Estatutos. La competencia sobre las materias que no se hayan asumido por los Estatutos de Autonomía corresponderá al Estado, cuyas normas prevalecerán, en caso de conflicto, sobre las de las Comunidades Autónomas en todo lo que no esté atribuido a la exclusiva competencia de éstas. El derecho estatal será, en todo caso, supletorio del derecho de las Comunidades Autónomas.

## Artículo 150

1. Las Cortes Generales, en materias de competencia estatal, podrán atribuir a todas o a alguna de las Comunidades Autónomas la facultad de dictar, para sí mismas, normas legislativas en el marco de los principios, bases y directrices fijados por una ley estatal. Sin perjuicio de la competencia de los Tribunales, en cada ley marco se establecerá la modalidad del control de las Cortes Generales sobre estas normas legislativas de las Comunidades Autónomas.

2. El Estado podrá transferir o delegar en las Comunidades Autónomas, mediante ley orgánica, facultades correspondientes a materia de titularidad estatal que por su propia naturaleza sean susceptibles de transferencia o delegación. La ley preverá en cada caso la correspondiente transferencia de medios financieros, así como las formas de control que se reserve el Estado.

3. El Estado podrá dictar leyes que establezcan los principios necesarios para armonizar las disposiciones normativas de las Comunidades Autónomas, aun en el caso de materias atribuidas a la competencia de éstas, cuando así lo exija el interés general. Corresponde a las Cortes Generales, por mayoría absoluta de cada Cámara, la apreciación de esta necesidad.

### *Artículo 151*

1. No será preciso dejar transcurrir el plazo de cinco años, a que se refiere el apartado 2 del artículo 148, cuando la iniciativa del proceso autonómico sea acordada dentro del plazo del artículo 143.2, además de por las Diputacio-

---

*Art. 150.* 2. En aplicación de este precepto, se han dictado, entre otras, la L.O. 16/1995, de 27 de diciembre, de transferencia de competencias a la Comunidad Autónoma Gallega; L.O. 2/1996, de 15 de enero, complementaria de la de Ordenación del Comercio Minorista; L.O. 6/1997, de 15 de diciembre, de transferencia de competencias ejecutivas en materia de tráfico y circulación de vehículos a motor a la Comunidad Autónoma de Cataluña.

3. Ley 12/1983, de 14 de octubre, del Proceso Autonómico, arts. 1, 2 y 3.

*Art. 151.* El procedimiento señalado en los apartados 1 y 2 (1.º a 4.º) del presente artículo fue el seguido para la aprobación del Estatuto de Andalucía. Ver también la nota al art. 144. La L.O. a que hace referencia el apartado primero es la L.O. 2/1980, de 18 de enero, sobre regulación de las distintas modalidades de referéndum.

nes o los órganos interinsulares correspondientes, por las tres cuartas partes de los municipios de cada una de las provincias afectadas que representen, al menos, la mayoría del censo electoral de cada una de ellas y dicha iniciativa sea ratificada mediante referéndum por el voto afirmativo de la mayoría absoluta de los electores de cada provincia en los términos que establezca una ley orgánica.

2. En el supuesto previsto en el apartado anterior, el procedimiento para la elaboración del Estatuto será el siguiente:

1.º El Gobierno convocará a todos los Diputados y Senadores elegidos en las circunscripciones comprendidas en el ámbito territorial que pretenda acceder al autogobierno, para que se constituyan en Asamblea, a los solos efectos de elaborar el correspondiente proyecto de Estatuto de autonomía, mediante el acuerdo de la mayoría absoluta de sus miembros.

2.º Aprobado el proyecto de Estatuto por la Asamblea de Parlamentarios, se remitirá a la Comisión Constitucional del Congreso, la cual, dentro del plazo de dos meses, lo examinará con el concurso y asistencia de una delegación de la Asamblea proponente para determinar de común acuerdo su formulación definitiva.

3.º Si se alcanzare dicho acuerdo, el texto resultante será sometido a referéndum del cuerpo electoral de las provincias comprendidas en el ámbito territorial del proyectado Estatuto.

4.º Si el proyecto de Estatuto es aprobado en cada provincia por la mayoría de los votos válidamente emitidos, será elevado a las Cortes Generales. Los Plenos de ambas Cámaras decidirán sobre el texto mediante un voto de ratificación. Aprobado el Estatuto, el Rey lo sancionará y lo promulgará como ley.

5.º   De no alcanzarse el acuerdo a que se refiere el apartado 2.º de este número, el proyecto de Estatuto será tramitado como proyecto de ley ante las Cortes Generales. El texto aprobado por éstas será sometido a referéndum del cuerpo electoral de las provincias comprendidas en el ámbito territorial del proyectado Estatuto. En caso de ser aprobado por la mayoría de los votos válidamente emitidos en cada provincia, procederá su promulgación en los términos del párrafo anterior.

3.   En los casos de los párrafos 4.º y 5.º del apartado anterior, la no aprobación del proyecto de Estatuto por una o varias provincias no impedirá la constitución entre las restantes de la Comunidad Autónoma proyectada, en la forma que establezca la ley orgánica prevista en el apartado 1 de este artículo.

*Artículo 152*

1.   En los Estatutos aprobados por el procedimiento a que se refiere el artículo anterior, la organización institucional autonómica se basará en una Asamblea Legislativa, elegida por sufragio universal, con arreglo a un sistema de representación proporcional que asegure, además, la representación de las diversas zonas del territorio; un Consejo de Gobierno con funciones ejecutivas y administrativas y un Presidente, elegido por la Asamblea, de entre sus miembros, y nombrado por el Rey, al que corresponde la dirección del Consejo de Gobierno, la suprema representación de la respectiva Comunidad y la ordinaria del Estado en aquélla. El Presidente y los miembros del Consejo de Gobierno serán políticamente responsables ante la Asamblea.

Un Tribunal Superior de Justicia, sin perjuicio de la jurisdicción que corresponde al Tribunal Supremo, culminará la organización judicial en el ámbito territorial de la Comunidad Autónoma. En los Estatutos de las Comunidades Autónomas podrán establecerse los supuestos y las formas de participación de aquéllas en la organización de las demarcaciones judiciales del territorio. Todo ello de conformidad con lo previsto en la ley orgánica del poder judicial y dentro de la unidad e independencia de éste.

Sin perjuicio de lo dispuesto en el artículo 123, las sucesivas instancias procesales, en su caso, se agotarán ante órganos judiciales radicados en el mismo territorio de la Comunidad Autónoma en que esté el órgano competente en primera instancia.

2. Una vez sancionados y promulgados los respectivos Estatutos, solamente podrán ser modificados mediante los procedimientos en ellos establecidos y con referéndum entre los electores inscritos en los censos correspondientes.

3. Mediante la agrupación de municipios limítrofes, los Estatutos podrán establecer circunscripciones territoriales propias, que gozarán de plena personalidad jurídica.

## *Artículo 153*

El control de la actividad de los órganos de las Comunidades Autónomas se ejercerá:

*a*) Por el Tribunal Constitucional, el relativo a la constitucionalidad de sus disposiciones normativas con fuerza de ley.

*b*) Por el Gobierno, previo dictamen del Consejo de Estado, el del ejercicio de funciones delegadas a que se refiere el apartado 2 del artículo 150.

*c*)   Por la Jurisdicción Contencioso-Administrativa, el de la administración autónoma y sus normas reglamentarias.

*d*)   Por el Tribunal de Cuentas, el económico y presupuestario.

### Artículo 154

Un Delegado nombrado por el Gobierno dirigirá la Administración del Estado en el territorio de la Comunidad Autónoma y la coordinará, cuando proceda, con la administración propia de la Comunidad.

### Artículo 155

1.   Si una Comunidad Autónoma no cumpliere las obligaciones que la Constitución u otras leyes le impongan, o actuare de forma que atente gravemente al interés general de España, el Gobierno, previo requerimiento al Presidente de la Comunidad Autónoma y, en el caso de no ser atendido, con la aprobación por mayoría absoluta del Senado, podrá adoptar las medidas necesarias para obligar a aquélla al cumplimiento forzoso de dichas obligaciones o para la protección del mencionado interés general.

---

*Art. 154.*   Ley 40/2015, de 1 de octubre, de Régimen Jurídico del Sector Público, arts. 72 y 73. R.D. 617/1997, de 25 de abril, de Subdelegados del Gobierno y Directores insulares de la Administración General del Estado.

*Art. 155.*   Resolución del 27 de octubre de 2017, de la Presidencia del Senado, por la que se publica el Acuerdo del Pleno del Senado, por el que se aprueban las medidas requeridas por el Gobierno, al amparo del art. 155 de la Constitución (*B.O.E.* núm. 260, de 27 de octubre de 2017).

2. Para la ejecución de las medidas previstas en el apartado anterior, el Gobierno podrá dar instrucciones a todas las autoridades de las Comunidades Autónomas.

### Artículo 156

1. Las Comunidades Autónomas gozarán de autonomía financiera para el desarrollo y ejecución de sus competencias con arreglo a los principios de coordinación con la Hacienda estatal y de solidaridad entre todos los españoles.

2. Las Comunidades Autónomas podrán actuar como delegados o colaboradores del Estado para la recaudación, la gestión y la liquidación de los recursos tributarios de aquél, de acuerdo con las leyes y los Estatutos.

### Artículo 157

1. Los recursos de las Comunidades Autónomas estarán constituidos por:

*a*) Impuestos cedidos total o parcialmente por el Estado; recargos sobre impuestos estatales y otras participaciones en los ingresos del Estado.

*b*) Sus propios impuestos, tasas y contribuciones especiales.

*c*) Transferencias de un Fondo de Compensación interterritorial y otras asignaciones con cargo a los Presupuestos Generales del Estado.

---

*Art. 156.* Ver L.O. 8/1980, de 22 de septiembre, de Financiación de las CC.AA.

*Art. 157.* Ley 22/2001, de 27 de diciembre, reguladora de los Fondos de Compensación Interterritorial; Ley 22/2009, de 18 de diciembre, por la que se regula el sistema de financiación de las Comunidades Autónomas de régimen común y Ciudades con Estatuto de Autonomía; Leyes 16 a 30/2010, de 16 de julio, de régimen de cesión de tributos del Estado a CC.AA. de régimen común.

*d)* Rendimientos procedentes de su patrimonio e ingresos de derecho privado.

*e)* El producto de las operaciones de crédito.

2. Las Comunidades Autónomas no podrán en ningún caso adoptar medidas tributarias sobre bienes situados fuera de su territorio o que supongan obstáculo para la libre circulación de mercancías o servicios.

3. Mediante ley orgánica podrá regularse el ejercicio de las competencias financieras enumeradas en el precedente apartado 1, las normas para resolver los conflictos que pudieran surgir y las posibles formas de colaboración financiera entre las Comunidades Autónomas y el Estado.

## *Artículo 158*

1. En los Presupuestos Generales del Estado podrá establecerse una asignación a las Comunidades Autónomas en función del volumen de los servicios y actividades estatales que hayan asumido y de la garantía de un nivel mínimo en la prestación de los servicios públicos fundamentales en todo el territorio español.

2. Con el fin de corregir desequilibrios económicos interterritoriales y hacer efectivo el principio de solidaridad, se constituirá un Fondo de Compensación con destino a gastos de inversión, cuyos recursos serán distribuidos por las Cortes Generales entre las Comunidades Autónomas y provincias, en su caso.

# TÍTULO IX

## Del Tribunal Constitucional

### Artículo 159

1.   El Tribunal Constitucional se compone de 12 miembros nombrados por el Rey; de ellos, cuatro a propuesta del Congreso por mayoría de tres quintos de sus miembros; cuatro a propuesta del Senado, con idéntica mayoría; dos a propuesta del Gobierno, y dos a propuesta del Consejo General del Poder Judicial.

2.   Los miembros del Tribunal Constitucional deberán ser nombrados entre Magistrados y Fiscales, Profesores de Universidad, funcionarios públicos y Abogados, todos ellos juristas de reconocida competencia con más de quince años de ejercicio profesional.

3.   Los miembros del Tribunal Constitucional serán designados por un período de nueve años y se renovarán por terceras partes cada tres.

4.   La condición de miembro del Tribunal Constitucional es incompatible: con todo mandato representativo; con los cargos políticos o administrativos; con el desempeño de funciones directivas en un partido político o en un sindicato y con el empleo al servicio de los mismos; con el ejercicio de las carreras judicial y fiscal, y con cualquier actividad profesional o mercantil.

---

*Art. 159.*   L.O. 2/1979, de 3 de octubre, del Tribunal Constitucional. Acuerdo de 5 de julio de 1990, del Pleno del Tribunal Constitucional, por el que se aprueba el Reglamento de Organización y Personal.

En lo demás, los miembros del Tribunal Constitucional tendrán las incompatibilidades propias de los miembros del poder judicial.

5.    Los miembros del Tribunal Constitucional serán independientes e inamovibles en el ejercicio de su mandato.

### Artículo 160

El Presidente del Tribunal Constitucional será nombrado entre sus miembros por el Rey, a propuesta del mismo Tribunal en pleno y por un período de tres años.

### Artículo 161

1.    El Tribunal Constitucional tiene jurisdicción en todo el territorio español y es competente para conocer:

*a)*    Del recurso de inconstitucionalidad contra leyes y disposiciones normativas con fuerza de ley. La declaración de inconstitucionalidad de una norma jurídica con rango de ley, interpretada por la jurisprudencia, afectará a ésta, si bien la sentencia o sentencias recaídas no perderán el valor de cosa juzgada.

*b)*    Del recurso de amparo por violación de los derechos y libertades referidos en el artículo 53.2 de esta Constitución, en los casos y formas que la ley establezca.

*c)*    De los conflictos de competencia entre el Estado y las Comunidades Autónomas o de los de éstas entre sí.

*d)*    De las demás materias que le atribuyan la Constitución o las leyes orgánicas.

2. El Gobierno podrá impugnar ante el Tribunal Constitucional las disposiciones y resoluciones adoptadas por los órganos de las Comunidades Autónomas. La impugnación producirá la suspensión de la disposición o resolución recurrida, pero el Tribunal, en su caso, deberá ratificarla o levantarla en un plazo no superior a cinco meses.

### Artículo 162

1. Están legitimados:

*a)* Para interponer el recurso de inconstitucionalidad, el Presidente del Gobierno, el Defensor del Pueblo, 50 Diputados, 50 Senadores, los órganos colegiados ejecutivos de las Comunidades Autónomas y, en su caso, las Asambleas de las mismas.

*b)* Para interponer el recurso de amparo, toda persona natural o jurídica que invoque un interés legítimo, así como el Defensor del Pueblo y el Ministerio Fiscal.

2. En los demás casos, la ley orgánica determinará las personas y órganos legitimados.

### Artículo 163

Cuando un órgano judicial considere, en algún proceso, que una norma con rango de ley, aplicable al caso, de cuya validez dependa el fallo, pueda ser contraria a la Constitución, planteará la cuestión ante el Tribunal Constitucional en los supuestos, en la forma y con los efectos que establezca la ley, que en ningún caso serán suspensivos.

## *Artículo 164*

1. Las sentencias del Tribunal Constitucional se publicarán en el *Boletín Oficial del Estado* con los votos particulares, si los hubiere. Tienen el valor de cosa juzgada a partir del día siguiente de su publicación y no cabe recurso alguno contra ellas. Las que declaren la inconstitucionalidad de una ley o de una norma con fuerza de ley y todas las que no se limiten a la estimación subjetiva de un derecho, tienen plenos efectos frente a todos.

2. Salvo que en el fallo se disponga otra cosa, subsistirá la vigencia de la ley en la parte no afectada por la inconstitucionalidad.

## *Artículo 165*

Una ley orgánica regulará el funcionamiento del Tribunal Constitucional, el estatuto de sus miembros, el procedimiento ante el mismo y las condiciones para el ejercicio de las acciones.

---

*Art. 165.* L.O. del Tribunal Constitucional, citada.

# TÍTULO X

## De la reforma constitucional

### Artículo 166

La iniciativa de reforma constitucional se ejercerá en los términos previstos en los apartados 1 y 2 del artículo 87.

### Artículo 167

1. Los proyectos de reforma constitucional deberán ser aprobados por una mayoría de tres quintos de cada una de las Cámaras. Si no hubiera acuerdo entre ambas, se intentará obtenerlo mediante la creación de una Comisión de composición paritaria de Diputados y Senadores, que presentará un texto que será votado por el Congreso y el Senado.

2. De no lograrse la aprobación mediante el procedimiento del apartado anterior, y siempre que el texto hubiere obtenido el voto favorable de la mayoría absoluta del Senado, el Congreso, por mayoría de dos tercios, podrá aprobar la reforma.

3. Aprobada la reforma por las Cortes Generales, será sometida a referéndum para su ratificación cuando así lo soliciten, dentro de los quince días siguientes a su aproba-

---

*Art. 167.* Hasta el momento se han producido las reformas del art. 13, apdo. 2, de 27 de agosto de 1992 (*B.O.E.* de 28 de agosto), del art. 135, de 27 de septiembre de 2011 (*B.O.E.* también de 27 de septiembre) y del art. 49, de 15 de febrero de 2024 (*B.O.E.* de 17 de febrero). Ver L.O. 2/1980, de 18 de enero, sobre regulación de las distintas modalidades de referéndum.

ción, una décima parte de los miembros de cualquiera de
las Cámaras.

### Artículo 168

1.   Cuando se propusiere la revisión total de la Constitución o una parcial que afecte al Título preliminar, al
Capítulo segundo, Sección primera del Título I, o al Título II, se procederá a la aprobación del principio por mayoría de dos tercios de cada Cámara, y a la disolución inmediata de las Cortes.

2.   Las Cámaras elegidas deberán ratificar la decisión
y proceder al estudio del nuevo texto constitucional, que
deberá ser aprobado por mayoría de dos tercios de ambas
Cámaras.

3.   Aprobada la reforma por las Cortes Generales, será
sometida a referéndum para su ratificación.

### Artículo 169

No podrá iniciarse la reforma constitucional en tiempo
de guerra o de vigencia de alguno de los estados previstos
en el artículo 116.

# DISPOSICIONES ADICIONALES

## Primera

La Constitución ampara y respeta los derechos históricos de los territorios forales.

La actualización general de dicho régimen foral se llevará a cabo, en su caso, en el marco de la Constitución y de los Estatutos de Autonomía.

## Segunda

La declaración de mayoría de edad contenida en el artículo 12 de esta Constitución no perjudica las situaciones amparadas por los derechos forales en el ámbito del Derecho privado.

## Tercera

La modificación del régimen económico y fiscal del archipiélago canario requerirá informe previo de la Comunidad Autónoma o, en su caso, del órgano provisional autonómico.

---

*Disp. adicional 1.ª*  La L.O. 13/1982, de 10 de agosto, de Reintegración y Amejoramiento del Régimen Foral de Navarra, supone el acceso de esta región a la autonomía política por una vía propia. Ver Ley 28/1990, de 26 de diciembre, por la que se aprueba el Convenio Económico entre el Estado y la Comunidad Foral de Navarra; Ley 12/2002, de 23 de mayo, por la que se aprueba el Concierto Económico con la Comunidad Autónoma del País Vasco.

*Disp. adicional 3.ª*  Ver arts. 166 y ss. del Estatuto de Autonomía de Canarias.

## *Cuarta*

En las Comunidades Autónomas donde tengan su sede más de una Audiencia Territorial, los Estatutos de Autonomía respectivos podrán mantener las existentes, distribuyendo las competencias entre ellas, siempre de conformidad con lo previsto en la ley orgánica del poder judicial y dentro de la unidad e independencia de éste.

# DISPOSICIONES TRANSITORIAS

## Primera

En los territorios dotados de un régimen provisional de autonomía, sus órganos colegiados superiores, mediante acuerdo adoptado por la mayoría absoluta de sus miembros, podrán sustituir la iniciativa que el apartado 2 del artículo 143 atribuye a las Diputaciones Provinciales o a los órganos interinsulares correspondientes.

## Segunda

Los territorios que en el pasado hubiesen plebiscitado afirmativamente proyectos de Estatuto de autonomía y cuenten, al tiempo de promulgarse esta Constitución, con regímenes provisionales de autonomía podrán proceder inmediatamente en la forma que se prevé en el apartado 2 del artículo 148, cuando así lo acordaren, por mayoría absoluta, sus órganos preautonómicos colegiados superiores, comunicándolo al Gobierno. El proyecto de Estatuto será elaborado de acuerdo con lo establecido en el artículo 151, número 2, a convocatoria del órgano colegiado preautonómico.

## Tercera

La iniciativa del proceso autonómico por parte de las Corporaciones locales o de sus miembros, prevista en el apartado 2 del artículo 143, se entiende diferida, con todos sus efectos, hasta la celebración de las primeras elecciones locales una vez vigente la Constitución.

### Cuarta

1.   En el caso de Navarra, y a efectos de su incorporación al Consejo General Vasco o al régimen autonómico vasco que le sustituya, en lugar de lo que establece el artículo 143 de la Constitución, la iniciativa corresponde al Órgano Foral competente, el cual adoptará su decisión por mayoría de los miembros que lo componen. Para la validez de dicha iniciativa será preciso, además, que la decisión del Órgano Foral competente sea ratificada por referéndum expresamente convocado al efecto, y aprobado por mayoría de los votos válidos emitidos.

2.   Si la iniciativa no prosperase, solamente se podrá reproducir la misma en distinto período del mandato del Órgano Foral competente, y en todo caso, cuando haya transcurrido el plazo mínimo que establece el artículo 143.

### Quinta

Las ciudades de Ceuta y Melilla podrán constituirse en Comunidades Autónomas si así lo deciden sus respectivos Ayuntamientos, mediante acuerdo adoptado por la mayoría absoluta de sus miembros y así lo autorizan las Cortes Generales, mediante una ley orgánica, en los términos previstos en el artículo 144.

---

*Disp. transitoria 5.ª*   L.O. 1/1995, de 13 de marzo, de Estatuto de Autonomía de Ceuta; L.O. 2/1995, de 13 de marzo, de Estatuto de Autonomía de Melilla.

*Sexta*

Cuando se remitieran a la Comisión Constitucional del Congreso varios proyectos de Estatuto, se dictaminarán por el orden de entrada en aquélla, y el plazo de dos meses a que se refiere el artículo 151 empezará a contar desde que la Comisión termine el estudio del proyecto o proyectos de que sucesivamente haya conocido.

*Séptima*

Los organismos provisionales autonómicos se considerarán disueltos en los siguientes casos:

*a)*　Una vez constituidos los órganos que establezcan los Estatutos de Autonomía aprobados conforme a esta Constitución.

*b)*　En el supuesto de que la iniciativa del proceso autonómico no llegara a prosperar por no cumplir los requisitos previstos en el artículo 143.

*c)*　Si el organismo no hubiera ejercido el derecho que le reconoce la disposición transitoria primera en el plazo de tres años.

*Octava*

1.　Las Cámaras que han aprobado la presente Constitución asumirán, tras la entrada en vigor de la misma, las funciones y competencias que en ella se señalan, respectivamente, para el Congreso y el Senado, sin que en ningún caso su mandato se extienda más allá del 15 de junio de 1981.

2. A los efectos de lo establecido en el artículo 99, la promulgación de la Constitución se considerará como supuesto constitucional en el que procede su aplicación. A tal efecto, a partir de la citada promulgación se abrirá un período de treinta días para la aplicación de lo dispuesto en dicho artículo.

Durante este período, el actual Presidente del Gobierno, que asumirá las funciones y competencias que para dicho cargo establece la Constitución, podrá optar por utilizar la facultad que le reconoce el artículo 115 o dar paso, mediante la dimisión, a la aplicación de lo establecido en el artículo 99, quedando en este último caso en la situación prevista en el apartado 2 del artículo 101.

3. En caso de disolución, de acuerdo con lo previsto en el artículo 115, y si no se hubiera desarrollado legalmente lo previsto en los artículos 68 y 69, serán de aplicación en las elecciones las normas vigentes con anterioridad, con las solas excepciones de que en lo referente a inelegibilidades e incompatibilidades se aplicará directamente lo previsto en el inciso segundo de la letra *b*) del apartado 1 del artículo 70 de la Constitución, así como lo dispuesto en la misma respecto a la edad para el voto y lo establecido en el artículo 69.3.

### *Novena*

A los tres años de la elección por vez primera de los miembros del Tribunal Constitucional se procederá por sorteo para la designación de un grupo de cuatro miembros de la misma procedencia electiva que haya de cesar y renovarse. A estos solos efectos se entenderán agrupados como miembros de la misma procedencia a los dos designados a propuesta del Gobierno y a los dos que proceden de la formulada por el Consejo General del Poder Judicial. Del mismo modo se procederá transcurridos otros tres años entre los dos grupos no afectados por el sorteo anterior. A partir de entonces se estará a lo establecido en el número 3 del artículo 159.

# DISPOSICIÓN DEROGATORIA

1. Queda derogada la Ley 1/1977, de 4 de enero, para la Reforma Política, así como, en tanto en cuanto no estuvieran ya derogadas por la anteriormente mencionada Ley, la de Principios del Movimiento Nacional, de 17 de mayo de 1958; el Fuero de los Españoles, de 17 de julio de 1945; el del Trabajo, de 9 de marzo de 1938; la Ley Constitutiva de las Cortes, de 17 de julio de 1942; la Ley de Sucesión en la Jefatura del Estado, de 26 de julio de 1947, todas ellas modificadas por la Ley Orgánica del Estado, de 10 de enero de 1967, y en los mismos términos esta última y la de Referéndum Nacional de 22 de octubre de 1945.

2. En tanto en cuanto pudiera conservar alguna vigencia, se considera definitivamente derogada la Ley de 25 de octubre de 1839 en lo que pudiera afectar a las provincias de Álava, Guipúzcoa y Vizcaya.

En los mismos términos se considera definitivamente derogada la Ley de 21 de julio de 1876.

3. Asimismo, quedan derogadas cuantas disposiciones se opongan a lo establecido en esta Constitución.

## DISPOSICIÓN FINAL

Esta Constitución entrará en vigor el mismo día de la publicación de su texto oficial en el *Boletín Oficial del Estado*. Se publicará también en las demás lenguas de España.

Por tanto,

MANDO A TODOS LOS ESPAÑOLES, PARTICULARES Y AUTORIDADES, QUE GUARDEN Y HAGAN GUARDAR ESTA CONSTITUCIÓN COMO NORMA FUNDAMENTAL DEL ESTADO.

PALACIO DE LAS CORTES, A VEINTISIETE DE DICIEMBRE DE MIL NOVECIENTOS SETENTA Y OCHO.

EL PRESIDENTE DE LAS CORTES

*Antonio Hernández Gil*

EL PRESIDENTE DEL CONGRESO DE LOS DIPUTADOS

*Fernando Álvarez de Miranda y Torres*

EL PRESIDENTE DEL SENADO

*Antonio Fontán Pérez*

INSÉRTESE

EL TEXTO OFICIAL DE LA CONSTITUCIÓN EN EL *BOLETÍN OFICIAL DEL ESTADO*, PARA SU ENTRADA EN VIGOR CONFORME A DERECHO, Y PUBLÍQUESE ASIMISMO EN LAS DEMÁS LENGUAS DE ESPAÑA.

MADRID, PALACIO DE LA MONCLOA, A VEINTIOCHO DE DICIEMBRE DE MIL NOVECIENTOS SETENTA Y OCHO.

EL PRESIDENTE DEL GOBIERNO

*Adolfo Suárez González*

# NOTA ADICIONAL SOBRE LOS ESTATUTOS DE AUTONOMÍA

Los Estatutos de Autonomía, definidos en la Constitución como «norma institucional básica» de cada Comunidad Autónoma, adoptados por éstas han tenido una historia legislativa muy diversa. En las líneas que siguen se exponen sus notas fundamentales:

— *Estatuto de Autonomía para el País Vasco*, aprobado por Ley Orgánica 3/1979, de 18 de diciembre, de acuerdo con el procedimiento previsto en la disposición transitoria 2.ª de la Constitución.

— *Estatuto de Autonomía de Cataluña*, aprobado por Ley Orgánica 4/1979, de 18 de diciembre, de acuerdo con el procedimiento previsto en la disposición transitoria 2.ª de la Constitución. Reformado por Ley Orgánica 6/2006, de 19 de julio.

— *Estatuto de Autonomía para Galicia*, aprobado por Ley Orgánica 1/1981, de 6 de abril, de acuerdo con el procedimiento previsto en la disposición transitoria 2.ª de la Constitución.

— *Estatuto de Autonomía para Andalucía*, aprobado por Ley Orgánica 6/1981, de 30 de diciembre, de acuerdo con el procedimiento previsto en el artículo 151 de la Constitución. Y, en lo que se refiere a la provincia de Almería, en virtud de lo dispuesto en el artículo 144.*c*) de la Constitución, por medio de la Ley Orgánica 13/1980, de 16 de diciembre. Reformado por Ley Orgánica. 2/2007, de 19 de marzo.

— *Estatuto de Autonomía para Asturias*, aprobado por Ley Orgánica 7/1981, de 30 de diciembre, de acuerdo con el procedimiento previsto en el artículo 143 de la Constitución. Ha sido objeto de modificación por las Leyes Orgánicas 3/1991, de 13 de marzo; 1/1994, de 24 de marzo, y 1/1999, de 5 de enero.

— *Estatuto de Autonomía para Cantabria*, aprobado por Ley Orgánica 8/1981, de 30 de diciembre, de acuerdo con el procedimiento previsto en el artículo 143 de la Constitución. Ha sido objeto de modificación por las Leyes Orgánicas 7/1991, de 13 de marzo; 2/1994, de 24 de marzo; 11/1998, de 30 de diciembre, y 2/2021, de 23 de marzo.

— *Estatuto de Autonomía de La Rioja*, aprobado por Ley Orgánica 3/1982, de 9 de junio, de acuerdo con el procedimiento previsto en el artículo 143 de la Constitución. Ha sido modificado por las Leyes Orgánicas 3/1994, de 24 de marzo, y 2/1999, de 7 de enero.

— *Estatuto de Autonomía para la Región de Murcia*, aprobado por Ley Orgánica 4/1982, de 9 de junio, de acuerdo con el procedimiento previsto en el artículo 143 de la Constitución. Ha sido modificado por Leyes Orgánicas 1/1991, de 13 de marzo; 4/1994, de 24 de marzo; 1/1998, de 15 de junio; 7/2013, de 28 de noviembre, y 1/2021, de 15 de febrero.

— *Estatuto de Autonomía de la Comunidad Valenciana*, aprobado por Ley Orgánica 5/1982, de 1 de julio, de acuerdo con el artículo 143 de la Constitución. Las competencias de la Comunidad fueron aumentadas por la Ley Orgánica 12/1982, de 10 de agosto, de transferencias a la Comunidad Valenciana de competencias en materia de titularidad estatal. El Estatuto ha sido modificado por las Leyes Orgánicas 4/1991, de 13 de marzo; 5/1994, de 24 de marzo; 1/2006, de 10 de abril, y 3/2019, de 12 de marzo.

— *Estatuto de Autonomía de Aragón*, aprobado por Ley Orgánica 8/1982, de 10 de agosto, de acuerdo con lo previsto en el artículo 143 de la Constitución. Ha sido modificado por las Leyes Orgánicas 6/1994, de 24 de marzo; 5/1996, de 30 de diciembre, y, con nueva redacción, por la Ley Orgánica 5/2007, de 20 de abril, reformada por la Ley Orgánica 15/2022, de 27 de diciembre.

— *Estatuto de Autonomía de Castilla-La Mancha*, aprobado por Ley Orgánica 9/1982, de 10 de agosto, de acuerdo con lo previsto en el artículo 143 de la Constitución. Ha sido modificado por las Leyes Orgánicas 6/1991, de 13 de marzo; 7/1994, de 24 de marzo; 3/1997, de 3 de julio, y 2/2014, de 21 de mayo.

— *Estatuto de Autonomía de Canarias*, aprobado por Ley Orgánica 10/1982, de 10 de agosto, de acuerdo con lo previsto en el artículo 143 de la Constitución. Las competencias de la Comunidad fueron aumentadas por la Ley Orgánica 11/1982, de 10 de agosto, de transferencias complementarias a Canarias. Ha sido modificado por las Leyes Orgánicas 4/1996, de 30 de diciembre, y 1/2018, de 5 de noviembre.

— *Ley Orgánica 13/1982, de 10 de agosto, de Reintegración y Amejoramiento del Régimen Foral de Navarra*, aprobada de acuerdo con lo previsto en la disposición adicional 1.ª de la Constitución. Ha sido modificada por las Leyes Orgánicas 1/2001, de 26 de marzo; 7/2010, de 27 de octubre, y 6/2024, de 5 de diciembre.

— *Estatuto de Autonomía de Extremadura*, aprobado por Ley Orgánica 1/1983, de 25 de febrero, de acuerdo con lo previsto en el artículo 143 de la Constitución. Ha sido modificado por las Leyes Orgánicas 5/1991, de 13 de marzo; 8/1994, de 24 de marzo; 12/1999, de 6 de mayo, y 1/2011, de 28 de enero.

— *Estatuto de Autonomía de las Illes Balears*, aprobado por Ley Orgánica 2/1983, de 25 de febrero, de acuerdo con lo previsto en el artículo 143 de la Constitución. Ha sido reformado por las Leyes Orgánicas 9/1994, de 24 de marzo; 3/1999, de 8 de enero; Ley Orgánica 1/2007, de 28 de febrero (con nueva redacción), y Ley Orgánica 1/2022, de 8 de febrero.

— *Estatuto de Autonomía de la Comunidad de Madrid*, aprobado por Ley Orgánica 3/1983, de 25 de febrero, de acuerdo con lo previsto en el artículo 144.*a*) de la Constitución, y en virtud de la autorización concedida por la Ley Orgánica 6/1982, de 7 de julio. Ha sido modificado por las Leyes Orgánicas 2/1991, de 13 de marzo; 10/1994, de 24 de marzo, y 5/1998, de 7 de julio.

— *Estatuto de Autonomía de Castilla y León*, aprobado por Ley Orgánica 4/1983, de 25 de febrero, de acuerdo con lo previsto en el artículo 143 de la Constitución. Y en lo que se refiere a la provincia de Segovia, en virtud de lo previsto en el artículo 144.*c*) de la Constitución, por Ley Orgánica 5/1983, de 1 de marzo. Ha sido modificado por las Leyes Orgánicas 11/1994, de 24 de marzo; 4/1999, de 8 de enero, y 14/2007, de 30 de noviembre.

— *Estatuto de Autonomía de Ceuta*, aprobado por Ley Orgánica 1/1995, de 13 de marzo, de acuerdo con lo previsto en el artículo 144.*b*) y la disposición transitoria 5.ª de la Constitución.

— *Estatuto de Autonomía de Melilla*, aprobado por Ley Orgánica 2/1995, de 13 de marzo, de acuerdo con lo previsto en el artículo 144.*b*) y la disposición transitoria 5.ª de la Constitución.

# LEY ORGÁNICA 2/1979, DE 3 DE OCTUBRE, DEL TRIBUNAL CONSTITUCIONAL

(*B.O.E.* núm. 239, de 5 de octubre de 1979)

## TÍTULO PRIMERO

### Del Tribunal Constitucional

### CAPÍTULO PRIMERO

DEL TRIBUNAL CONSTITUCIONAL, SU ORGANIZACIÓN Y ATRIBUCIONES

**Artículo 1.º** Uno. El Tribunal Constitucional, como intérprete supremo de la Constitución, es independiente de los demás órganos constitucionales y está sometido sólo a la Constitución y a la presente Ley Orgánica.

Dos. Es único en su orden y extiende su jurisdicción a todo el territorio nacional.

**Art. 2.º** Uno. El Tribunal Constitucional conocerá en los casos y en la forma que esta Ley determina:

*a)* Del recurso y de la cuestión de inconstitucionalidad contra Leyes, disposiciones normativas o actos con fuerza de Ley.

*b)* Del recurso de amparo por violación de los derechos y libertades públicos relacionados en el artículo 53.2 de la Constitución.

*c)* De los conflictos constitucionales de competencia entre el Estado y las Comunidades Autónomas o de los de éstas entre sí.

*d)* De los conflictos entre los órganos constitucionales del Estado.

*d)* bis. De los conflictos en defensa de la autonomía local.

*e)* De la declaración sobre la constitucionalidad de los Tratados Internacionales.

*e)* bis. Del control previo de constitucionalidad en el supuesto previsto en el artículo 79 de la presente Ley.

---

**Art. 2.º:** Acuerdo de 5 de julio de 1990, del Pleno del Tribunal Constitucional, por el que se aprueba el Reglamento de Organización y Personal del Tribunal Constitucional.

*f*) De las impugnaciones previstas en el número 2 del artículo 161 de la Constitución.

*g*) De la verificación de los nombramientos de los Magistrados del Tribunal Constitucional, para juzgar si los mismos reúnen los requisitos requeridos por la Constitución y la presente Ley.

*h*) De las demás materias que le atribuyen la Constitución y las Leyes orgánicas.

Dos. El Tribunal Constitucional podrá dictar reglamentos sobre su propio funcionamiento y organización, así como sobre el régimen de su personal y servicios, dentro del ámbito de la presente Ley. Estos reglamentos, que deberán ser aprobados por el Tribunal en Pleno, se publicarán en el *Boletín Oficial del Estado*, autorizados por su Presidente.

**Art. 3.º** La competencia del Tribunal Constitucional se extiende al conocimiento y decisión de las cuestiones prejudiciales e incidentales no pertenecientes al orden constitucional, directamente relacionadas con la materia de que conoce, a los solos efectos del enjuiciamiento constitucional de ésta.

**Art. 4.º** Uno. En ningún caso se podrá promover cuestión

de jurisdicción o competencia al Tribunal Constitucional. El Tribunal Constitucional delimitará el ámbito de su jurisdicción y adoptará cuantas medidas sean necesarias para preservarla, incluyendo la declaración de nulidad de aquellos actos o resoluciones que la menoscaben; asimismo podrá apreciar de oficio o a instancia de parte su competencia o incompetencia.

Dos. Las resoluciones del Tribunal Constitucional no podrán ser enjuiciadas por ningún órgano jurisdiccional del Estado.

Tres. Cuando el Tribunal Constitucional anule un acto o resolución que contravenga lo dispuesto en los dos apartados anteriores lo ha de hacer motivadamente y previa audiencia al Ministerio Fiscal y al órgano autor del acto o resolución.

**Art. 5.º** El Tribunal Constitucional está integrado por doce miembros, con el título de Magistrados del Tribunal Constitucional.

**Art. 6.º** Uno. El Tribunal Constitucional actúa en Pleno, en Sala o en Sección.

Dos. El Pleno está integrado por todos los Magistrados del Tribunal. Lo preside el Presidente del Tribunal y, en su defecto,

---

**Art. 6.º:** Acuerdo de 17 de enero de 2023, del Pleno del Tribunal Constitucio-nal, por el que se dispone la composición de las Salas y Secciones del Tribunal.

el Vicepresidente y, a falta de ambos, el Magistrado más antiguo en el cargo y, en caso de igual antigüedad, el de mayor edad.

**Art. 7.º** Uno. El Tribunal Constitucional consta de dos Salas. Cada Sala está compuesta por seis Magistrados nombrados por el Tribunal en Pleno.

Dos. El Presidente del Tribunal lo es también de la Sala Primera, que presidirá en su defecto, el Magistrado más antiguo y, en caso de igual antigüedad, el de mayor edad.

Tres. El Vicepresidente del Tribunal presidirá en la Sala Segunda y, en su defecto, el Magistrado más antiguo y, en caso de igual antigüedad, el de mayor edad.

**Art. 8.º** Uno. Para el despacho ordinario y la decisión o propuesta, según proceda, sobre la admisibilidad o inadmisibilidad de procesos constitucionales, el Pleno y las Salas constituirán Secciones compuestas por el respectivo Presidente o quien le sustituya y dos Magistrados.

Dos. Se dará cuenta al Pleno de las propuestas de admisión o inadmisión de asuntos de su competencia. En el caso de admisión, el Pleno podrá deferir a la Sala que corresponda el conocimiento

del asunto de que se trate, en los términos previstos en esta Ley.

Tres. Podrá corresponder también a la Secciones el conocimiento y resolución de aquellos asuntos de amparo que la Sala correspondiente les defiera en los términos previstos en esta Ley.

**Art. 9.º** Uno. El Tribunal en Pleno elige de entre sus miembros por votación secreta a su Presidente y propone al Rey su nombramiento.

Dos. En primera votación se requerirá la mayoría absoluta. Si ésta no se alcanzase se procederá a una segunda votación, en la que resultará elegido quien obtuviese mayor número de votos. En caso de empate se efectuará una última votación y si éste se repitiese, será propuesto el de mayor antigüedad en el cargo y en el caso de igualdad el de mayor edad.

Tres. El nombre del elegido se elevará al Rey para su nombramiento por un período de tres años, expirado el cual podrá ser reelegido por una sola vez.

Cuatro. El Tribunal en Pleno elegirá entre sus miembros, por el procedimiento señalado en el apartado 2 de este artículo y por el mismo período de tres años, un Vicepresidente, al que incumbe sustituir al Presidente en caso de vacante, ausencia u otro motivo legal y presidir la Sala Segunda.

**Art. 10.** Uno. El Tribunal en Pleno conoce de los siguientes asuntos:

*a*) De la constitucionalidad o inconstitucionalidad de los tratados internacionales.

*b*) De los recursos de inconstitucionalidad contra las leyes y demás disposiciones con valor de ley, excepto los de mera aplicación de doctrina, cuyo conocimiento podrá atribuirse a las Salas en el trámite de admisión. Al atribuir a la Sala el conocimiento del recurso, el Pleno deberá señalar la doctrina constitucional de aplicación.

*c*) De las cuestiones de constitucionalidad que reserve para sí; las demás deberán deferirse a las Salas según un turno objetivo.

*d*) De los conflictos constitucionales de competencia entre el Estado y las Comunidades Autónomas o de de éstas entre sí.

*d*) bis. De los recursos previos de inconstitucionalidad contra Proyectos de Estatutos de Autonomía y contra Propuestas de reforma de los mismos.

*e*) De las impugnaciones previstas en el apartado 2 del artículo 161 de la Constitución.

*f*) De los conflictos en defensa de la autonomía local.

*g*) De los conflictos entre los órganos constitucionales del Estado.

*h*) De las anulaciones en defensa de la jurisdicción del Tribunal previstas en el artículo 4.3.

*i*) De la verificación del cumplimiento de los requisitos exigidos para el nombramiento de Magistrado del Tribunal Constitucional.

*j*) Del nombramiento de los Magistrados que han de integrar cada una de las Salas.

*k*) De la recusación de los Magistrados del Tribunal Constitucional.

*l*) Del cese de los Magistrados del Tribunal Constitucional en los casos previstos en el artículo 23.

*m*) De la aprobación y modificación de los reglamentos del Tribunal.

*n*) De cualquier otro asunto que sea competencia del Tribunal pero recabe para sí el Pleno, a propuesta del Presidente o de tres Magistrados, así como de los demás asuntos que le puedan ser atribuidos expresamente por una ley orgánica.

Dos. En los casos previstos en los párrafos *d*), *e*) y *f*) del apartado anterior, en el trámite de admisión la decisión de fondo podrá atribuirse a la Sala que corresponda según un turno objetivo, lo que se comunicará a las partes.

Tres. El Tribunal en Pleno, en ejercicio de su autonomía como órgano constitucional, elabora su presupuesto, que se integra como una sección independiente dentro de los Presupuestos Generales del Estado.

**Art. 11.** Uno. Las Salas del Tribunal Constitucional conocerán de los asuntos que, atribuidos a la justicia constitucional, no sean de la competencia del Pleno.

Dos. También conocerán las Salas de aquellas cuestiones que, habiendo sido atribuidas al conocimiento de las Secciones, entiendan que por su importancia deba resolver la propia Sala.

**Art. 12.** La distribución de asuntos entre las Salas del Tribunal se efectuará según un turno establecido por el Pleno a propuesta de su Presidente.

**Art. 13.** Cuando una Sala considere necesario apartarse en cualquier punto de la doctrina constitucional precedente sentada por el Tribunal, la cuestión se someterá a la decisión del Pleno.

**Art. 14.** El Tribunal en Pleno puede adoptar acuerdos cuando estén presentes, al menos, dos tercios de los miembros que en cada momento lo compongan. Los acuerdos de las Salas requerirán asimismo la presencia de dos tercios de los miembros que en cada momento las compongan. En las Secciones se requerirá la presencia de dos miembros, salvo que haya discrepancia, requiriéndose entonces la de sus tres miembros.

**Art. 15.** El Presidente del Tribunal Constitucional ejerce la representación del Tribunal, convoca y preside el Tribunal en Pleno y convoca las Salas; adopta las medidas precisas para el funcionamiento del Tribunal, de las Salas y de las Secciones; comunica a las Cámaras, al Gobierno o al Consejo General del Poder Judicial, en cada caso, las vacantes; nombra a los letrados, convoca los concursos para cubrir las plazas de funcionarios y los puestos de personal laboral, y ejerce las potestades administrativas sobre el personal del Tribunal.

CAPÍTULO II

DE LOS MAGISTRADOS
DEL TRIBUNAL CONSTITUCIONAL

**Art. 16.** Uno. Los Magistrados y Magistradas del Tribu-

---

**Art. 14:** Acuerdo de 20 de enero de 2005, del Pleno del Tribunal Constitucional, por el que se regula la sustitución de Magistrados a los efectos previstos en el art. 14 de la L.O. del Tribunal Constitucional.

**Art. 16:** La redacción de este apartado resulta del art. 2 de la L.O. 2/2024, de 1 de agosto, de representación paritaria y presencia equilibrada de hombres y mujeres. Art. 204, Reglamento del Congreso de los Diputados. Arts. 184 a 186, Reglamento del Senado. Art. 107.2, L.O. 6/1985, de 1 de julio, del Poder Judicial.

nal Constitucional serán nombrados por el Rey, a propuesta de las Cámaras, del Gobierno y del Consejo General del Poder Judicial, en las condiciones que establece el artículo 159.1 de la Constitución.

Cada uno de los órganos que han de realizar las propuestas de nombramiento garantizará el principio de presencia equilibrada de mujeres y hombres, de forma que aquellas incluyan como mínimo un 40 por 100 de cada uno de los sexos.

Los Magistrados y Magistradas propuestos por el Senado serán elegidos entre las candidaturas presentadas por las Asambleas Legislativas de las Comunidades Autónomas en los términos que determine el Reglamento de la Cámara.

Dos. Los candidatos propuestos por el Congreso y por el Senado deberán comparecer previamente ante las correspondientes Comisiones en los términos que dispongan los respectivos Reglamentos.

Tres. La designación para el cargo de Magistrado del Tribunal Constitucional se hará por nueve años, renovándose el Tribunal por terceras partes cada tres. A partir de ese momento se producirá la elección del Presidente y Vicepresidente de acuerdo con lo previsto en el artículo 9. Si el mandato de tres años para el que fueron designados como Presidente y Vicepresidente no coincidiera con la renovación del Tribunal Constitucional, tal mandato quedará prorrogado para que finalice en el momento en que dicha renovación se produzca y tomen posesión los nuevos Magistrados.

Cuatro. Ningún Magistrado podrá ser propuesto al Rey para otro período inmediato, salvo que hubiera ocupado el cargo por un plazo no superior a tres años.

Cinco. Las vacantes producidas por causas distintas a la de expiración del período para el que se hicieron los nombramientos serán cubiertas con arreglo al mismo procedimiento utilizado para la designación del Magistrado que hubiese causado vacante y por el tiempo que a éste restase. Si hubiese retraso en la renovación por tercios de los Magistrados, a los nuevos que fuesen designados se les restará del mandato el tiempo de retraso en la renovación.

**Art. 17.** Uno. Antes de los cuatro meses previos a la fecha de expiración de los nombramientos, el Presidente del Tribunal solicitará de los Presidentes de los órganos que han de hacer las propuestas para la designación de los nuevos Magistrados, que inicien el procedimiento para ello.

Dos. Los Magistrados del Tribunal Constitucional continuarán en el ejercicio de sus funciones hasta que hayan tomado posesión quienes hubieren de sucederles.

**Art. 18.** Los miembros del Tribunal Constitucional deberán ser nombrados entre ciudadanos españoles que sean Magistrados, Fiscales, Profesores de Universidad, funcionarios públicos o Abogados, todos ellos juristas de reconocida competencia con más de quince años de ejercicio profesional o en activo en la respectiva función.

**Art. 19.** Uno. El cargo de Magistrado del Tribunal Constitucional es incompatible: primero, con el de Defensor del Pueblo; segundo, con el de Diputado y Senador; tercero, con cualquier cargo político o administrativo del Estado, las Comunidades Autónomas, las provincias u otras Entidades locales; cuarto, con el ejercicio de cualquier jurisdicción o actividad propia de la carrera judicial o fiscal; quinto, con empleos de todas clases en los Tribunales y Juzgados de cualquier orden jurisdiccional; sexto, con el desempeño de funciones directivas en los partidos políticos, sindicatos, asociaciones, fundaciones y colegios profesionales y con toda clase de empleo al servicio de los mismos; séptimo, con el desempeño de actividades profesionales o mercantiles. En lo demás, los

miembros del Tribunal Constitucional tendrán las incompatibilidades propias de los miembros del Poder Judicial.

Dos. Cuando concurriere causa de incompatibilidad en quien fuere propuesto como Magistrado del Tribunal, deberá, antes de tomar posesión, cesar en el cargo o en la actividad incompatible. Si no lo hiciere en el plazo de diez días siguientes a la propuesta, se entenderá que no acepta el cargo de Magistrado del Tribunal Constitucional. La misma regla se aplicará en el caso de incompatibilidad sobrevenida.

**Art. 20.** Los miembros de la carrera judicial y fiscal y, en general, los funcionarios públicos nombrados Magistrados y Letrados del Tribunal pasarán a la situación de servicios especiales en su carrera de origen.

**Art. 21.** El Presidente y los demás Magistrados del Tribunal Constitucional prestarán, al asumir su cargo ante el Rey, el siguiente juramento o promesa:

«Juro (o prometo) guardar y hacer guardar fielmente y en todo tiempo la Constitución Española, lealtad a la Corona y cumplir mis deberes como Magistrado Constitucional.»

---

**Art. 20:** Art. 20, L.O. del Poder Judicial, cit.

**Art. 22.** Los Magistrados del Tribunal Constitucional ejercerán su función de acuerdo con los principios de imparcialidad y dignidad inherentes a la misma; no podrán ser perseguidos por las opiniones expresadas en el ejercicio de sus funciones; serán inamovibles y no podrán ser destituidos ni suspendidos sino por alguna de las causas que esta Ley establece.

**Art. 23.** Uno. Los Magistrados del Tribunal Constitucional cesan por alguna de las causas siguientes: Primero, por renuncia aceptada por el Presidente del Tribunal; segundo, por expiración del plazo de su nombramiento; tercero, por incurrir en alguna causa de incapacidad de las previstas para los miembros del Poder Judicial; cuarto, por incompatibilidad sobrevenida; quinto, por dejar de atender con diligencia los deberes de su cargo; sexto, por violar la reserva propia de su función; séptimo, por haber sido declarado responsable civilmente por dolo o condenado por delito doloso o por culpa grave.

Dos. El cese o la vacante en el cargo de Magistrado del Tribunal Constitucional, en los casos primero y segundo, así como en el de fallecimiento, se decretará por el Presidente. En los restantes supuestos decidirá el Tribunal en Pleno, por mayoría simple en los casos tercero y cuarto y por mayoría de las tres cuartas partes de sus miembros en los demás casos.

**Art. 24.** Los Magistrados del Tribunal Constitucional podrán ser suspendidos por el Tribunal, como medida previa, en caso de procesamiento o por el tiempo indispensable para resolver sobre la concurrencia de alguna de las causas de cese establecidas en el artículo anterior. La suspensión requiere el voto favorable de las tres cuartas partes de los miembros del Tribunal reunido en Pleno.

**Art. 25.** Uno. Los Magistrados del Tribunal que hubieran desempeñado el cargo durante un mínimo de tres años tendrán derecho a una remuneración de transición por un año, equivalente a la que percibieran en el momento del cese.

Dos. Cuando el Magistrado del Tribunal proceda de cualquier cuerpo de funcionarios con derecho a jubilación, se le computará, a los efectos de determinación del haber pasivo, el tiempo de desempeño de las funciones constitucionales y se calculará aquél sobre el total de las remuneraciones que hayan correspondido al Magistrado del Tribunal Constitucional durante el último año.

**Art. 26.** La responsabilidad criminal de los Magistrados del Tribunal Constitucional sólo será exigible ante la Sala de lo Penal del Tribunal Supremo.

## TÍTULO II

**De los procedimientos de declaración de inconstitucionalidad**

CAPÍTULO PRIMERO

DISPOSICIONES GENERALES

**Art. 27.** Uno. Mediante los procedimientos de declaración de inconstitucionalidad regulados en este título, el Tribunal Constitucional garantiza la primacía de la Constitución y enjuicia la conformidad o disconformidad con ella de las Leyes, disposiciones o actos impugnados.

Dos. Son susceptibles de declaración de inconstitucionalidad:

*a*) Los Estatutos de Autonomía y las demás Leyes orgánicas.

*b*) Las demás Leyes, disposiciones normativas y actos del Estado con fuerza de Ley. En el caso de los Decretos legislativos, la competencia del Tribunal se entiende sin perjuicio de lo previsto en el número 6 del artículo 82 de la Constitución.

*c*) Los Tratados Internacionales.

*d*) Los Reglamentos de las Cámaras y de las Cortes Generales.

*e*) Las Leyes, actos y disposiciones normativas con fuerza de Ley de las Comunidades Autónomas, con la misma salvedad formulada en el apartado *b*) respecto a los casos de delegación legislativa.

*f*) Los Reglamentos de las Asambleas legislativas de las Comunidades Autónomas.

**Art. 28.** Uno. Para apreciar la conformidad o disconformidad con la Constitución de una Ley, disposición o acto con fuerza de Ley del Estado o de las Comunidades Autónomas, el Tribunal considerará, además de los preceptos constitucionales, las Leyes que, dentro del marco constitucional, se hubieran dictado para delimitar las competencias del Estado y las diferen-

---

**Art. 26:** Arts. 57.2 y 405, L.O. del Poder Judicial, cit.

tes Comunidades Autónomas o para regular o armonizar el ejercicio de las competencias de éstas.

Dos. Asimismo el Tribunal podrá declarar inconstitucionales por infracción del artículo 81 de la Constitución los preceptos de un Decreto-ley, Decreto legislativo, Ley que no haya sido aprobada con el carácter de orgánica o norma legislativa de una Comunidad Autónoma en el caso de que dichas disposiciones hubieran regulado materias reservadas a Ley Orgánica o impliquen modificación o derogación de una Ley aprobada con tal carácter, cualquiera que sea su contenido.

**Art. 29.** Uno. La declaración de inconstitucionalidad podrá promoverse mediante:

*a)* El recurso de inconstitucionalidad.

*b)* La cuestión de inconstitucionalidad promovida por Jueces o Tribunales.

Dos. La desestimación, por razones de forma, de un recurso de inconstitucionalidad contra una Ley, disposición o acto con fuerza de Ley no será obstáculo para que la misma Ley, disposición o acto puedan ser objeto de una cuestión de inconstituciona-

lidad con ocasión de su aplicación en otro proceso.

**Art. 30.** La admisión de un recurso o de una cuestión de inconstitucionalidad no suspenderá la vigencia ni la aplicación de la Ley, de la disposición normativa o del acto con fuerza de Ley, excepto en el caso en que el Gobierno se ampare en lo dispuesto por el artículo 161.2 de la Constitución para impugnar, por medio de su Presidente, Leyes, disposiciones normativas o actos con fuerza de Ley de las Comunidades Autónomas.

## CAPÍTULO II

### DEL RECURSO DE INCONSTITUCIONALIDAD

**Art. 31.** El recurso de inconstitucionalidad contra las Leyes, disposiciones normativas o actos con fuerza de Ley podrá promoverse a partir de su publicación oficial.

**Art. 32.** Uno. Están legitimados para el ejercicio del recurso de inconstitucionalidad cuando se trate de Estatutos de Autonomía y demás Leyes del Estado, orgánicas o en cualesquiera de sus formas, y dispo-

---

**Art. 32:** Art. 2.2.*i*), Ley 50/1997, de 27 de noviembre, del Gobierno. Art. 29,

L.O. 3/1981, de 6 de abril, del Defensor del Pueblo.

siciones normativas y actos del Estado o de las Comunidades Autónomas con fuerza de Ley, Tratados Internacionales y Reglamentos de las Cámaras y de las Cortes Generales:

*a)* El Presidente del Gobierno.
*b)* El Defensor del Pueblo.
*c)* Cincuenta Diputados.
*d)* Cincuenta Senadores.

Dos. Para el ejercicio del recurso de inconstitucionalidad contra las Leyes, disposiciones o actos con fuerza de Ley del Estado que puedan afectar a su propio ámbito de autonomía, están también legitimados los órganos colegiados ejecutivos y las Asambleas de las Comunidades Autónomas, previo acuerdo adoptado al efecto.

**Art. 33.** Uno. El recurso de inconstitucionalidad se formulará dentro del plazo de tres meses a partir de la publicación de la Ley, disposición o acto con fuerza de Ley impugnado mediante demanda presentada ante el Tribunal Constitucional, en la que deberán expresarse las circunstancias de identidad de las personas u órganos que ejercitan la acción y, en su caso, de sus comisionados, concretar la Ley, disposición o acto impugnado, en todo o en parte, y precisar el precepto constitucional que se entiende infringido.

Dos. No obstante lo dispuesto en el apartado anterior, el Presidente del Gobierno y los órganos colegiados ejecutivos de las Comunidades Autónomas podrán interponer el recurso de inconstitucionalidad en el plazo de nueve meses contra Leyes, disposiciones o actos con fuerza de Ley en relación con las cuales, y con la finalidad de evitar la interposición del recurso, se cumplan los siguientes requisitos:

*a)* Que se reúna la Comisión Bilateral de Cooperación entre la Administración General del Estado y la respectiva Comunidad Autónoma, pudiendo solicitar su convocatoria cualquiera de las dos Administraciones.

*b)* Que en el seno de la mencionada Comisión Bilateral se haya adoptado un acuerdo sobre iniciación de negociaciones para resolver las discrepancias, pudiendo instar, en su caso, la modificación del texto normativo. Este acuerdo podrá hacer referencia a la invocación o no de la suspensión de la norma en el caso de presentarse el recurso en el plazo previsto en este apartado.

*c)* Que el acuerdo sea puesto en conocimiento del Tribunal Constitucional por los órganos anteriormente mencionados dentro de los tres meses siguientes a la publicación de la Ley, disposición o acto con fuerza de Ley, y se inserte en el *Boletín Oficial del Estado* y en el *Diario Oficial* de la Comunidad Autónoma correspondiente.

Tres. Lo señalado en el apartado anterior se entiende sin perjuicio de la facultad de interposición del recurso de inconstitucionalidad por los demás órganos y personas a que hace referencia el artículo 32.

**Art. 34.** Uno. Admitida a trámite la demanda, el Tribunal Constitucional dará traslado de la misma al Congreso de los Diputados y al Senado por conducto de sus Presidentes, al Gobierno por conducto del Ministerio de Justicia y, en caso de que el objeto del recurso fuera una Ley o disposición con fuerza de Ley dictada por una Comunidad Autónoma, a los órganos legislativo y ejecutivo de la misma a fin de que puedan personarse en el procedimiento y formular las alegaciones que estimaren oportunas.

Dos. La personación y la formulación de alegaciones deberán hacerse en el plazo de quince días, transcurrido el cual el Tribunal dictará sentencia en el de diez, salvo que, mediante resolución motivada, el propio Tribunal estime necesario un plazo más amplio que, en ningún caso, podrá exceder de treinta días.

## CAPÍTULO III

### DE LA CUESTIÓN DE INCONSTITUCIONALIDAD PROMOVIDA POR JUECES O TRIBUNALES

**Art. 35.** Uno. Cuando un Juez o Tribunal, de oficio o a instancia de parte, considere que una norma con rango de Ley aplicable al caso y de cuya validez dependa el fallo pueda ser contraria a la Constitución, planteará la cuestión al Tribunal Constitucional con sujeción a lo dispuesto en esta Ley.

Dos. El órgano judicial sólo podrá plantear la cuestión una vez concluso el procedimiento y dentro del plazo para dictar sentencia, o la resolución jurisdiccional que procediese, y deberá concretar la ley o norma con fuerza de ley cuya constitucionalidad se cuestiona, el precepto constitucional que se supone infringido y especificar o justificar en qué medida la decisión del proceso depende de la validez de la norma en cuestión. Antes de adoptar mediante auto su decisión definitiva, el órgano judicial oirá a las partes y al

---

**Art. 34:** Art. 185, Reglamento del Senado.

**Art. 35:** Art. 5, L.O. del Poder Judicial, cit. Art. 5.1, L.O. 4/1987, de 15 de julio, de la Competencia y Organización de la Jurisdicción Militar.

Ministerio Fiscal para que en el plazo común e improrrogable de diez días puedan alegar lo que deseen sobre la pertinencia de plantear la cuestión de inconstitucionalidad, o sobre el fondo de ésta; seguidamente y sin más trámite, el juez resolverá en el plazo de tres días. Dicho auto no será susceptible de recurso de ninguna clase. No obstante, la cuestión de inconstitucionalidad podrá ser intentada de nuevo en las sucesivas instancias o grados en tanto no se llegue a sentencia firme.

Tres. El planteamiento de la cuestión de constitucionalidad originará la suspensión provisional de las actuaciones en el proceso judicial hasta que el Tribunal Constitucional se pronuncie sobre su admisión. Producida ésta el proceso judicial permanecerá suspendido hasta que el Tribunal Constitucional resuelva definitivamente sobre la cuestión.

**Art. 36.** El órgano judicial elevará al Tribunal Constitucional la cuestión de inconstitucionalidad junto con testimonio de los autos principales y de las alegaciones previstas en el artículo anterior, si las hubiere.

**Art. 37.** Uno. Recibidas en el Tribunal Constitucional las actuaciones, el procedimiento se sustanciará por los trámites del apartado segundo de este artículo. No obstante, podrá el Tribunal rechazar, en trámite de admisión, mediante auto y sin otra audiencia que la del Fiscal General del Estado, la cuestión de inconstitucionalidad cuando faltaren las condiciones procesales o fuere notoriamente infundada la cuestión suscitada. Esta decisión será motivada.

Dos. Publicada en el *Boletín Oficial del Estado* la admisión a trámite de la cuestión de inconstitucionalidad, quienes sean parte en el procedimiento judicial podrán personarse ante el Tribunal Constitucional dentro de los 15 días siguientes a su publicación, para formular alegaciones, en el plazo de otros 15 días.

Tres. El Tribunal Constitucional dará traslado de la cuestión al Congreso de los Diputados y al Senado por conducto de sus Presidentes, al Fiscal General del Estado, al Gobierno, por conducto del Ministerio de Justicia, y, en caso de afectar a una Ley o a otra disposición normativa con fuerza de Ley dictadas por

---

**Art. 37.3:** Art. 3.11 y 12, de la Ley 50/1981, de 30 de diciembre, por la que se regula el Estatuto Orgánico del Ministerio Fiscal.

una Comunidad Autónoma, a los órganos legislativo y ejecutivo de la misma, todos los cuales podrán personarse y formular alegaciones sobre la cuestión planteada en el plazo común improrrogable de quince días. Concluido éste, el Tribunal dictará sentencia en el plazo de quince días, salvo que estime necesario, mediante resolución motivada, un plazo más amplio, que no podrá exceder de treinta días.

## CAPÍTULO IV

### DE LA SENTENCIA EN PROCEDIMIENTOS DE INCONSTITUCIONALIDAD Y DE SUS EFECTOS

**Art. 38.** Uno. Las sentencias recaídas en procedimientos de inconstitucionalidad tendrán el valor de cosa juzgada, vincularán a todos los poderes públicos y producirán efectos generales desde la fecha de su publicación en el *Boletín Oficial del Estado*.

Dos. Las sentencias desestimatorias dictadas en recursos de inconstitucionalidad y en conflictos en defensa de la autonomía local impedirán cualquier planteamiento ulterior de la cuestión por cualquiera de las dos vías, fundado en la misma infracción de idéntico precepto constitucional.

Tres. Si se tratare de sentencias recaídas en cuestiones de inconstitucionalidad, el Tribunal Constitucional lo comunicará inmediatamente al órgano judicial competente para la decisión del proceso. Dicho órgano notificará la sentencia constitucional a las partes. El Juez o Tribunal quedará vinculado desde que tuviere conocimiento de la sentencia constitucional y las partes desde el momento en que sean notificadas.

**Art. 39.** Uno. Cuando la sentencia declare la inconstitucionalidad, declarará igualmente la nulidad de los preceptos impugnados, así como, en su caso, la de aquellos otros de la misma Ley, disposición o acto con fuerza de Ley a los que deba extenderse por conexión o consecuencia.

Dos. El Tribunal Constitucional podrá fundar la declaración de inconstitucionalidad en la infracción de cualquier precepto constitucional, haya o no sido invocado en el curso del proceso.

**Art. 40.** Uno. Las sentencias declaratorias de la inconstitucionalidad de Leyes, disposiciones o actos con fuerza de Ley no permitirán revisar procesos fenecidos mediante sentencia con fuerza de cosa juzgada en los que se haya hecho aplicación de las Leyes, disposiciones o actos inconstitucionales, salvo en el caso de los procesos penales o contencioso-administrativos referentes a un procedimiento sancionador en que, como consecuencia de la nulidad de la norma aplicada, resulte una reducción de la pena o de la sanción o una exclusión, exención o limitación de la responsabilidad.

Dos. En todo caso, la jurisprudencia de los Tribunales de justicia recaída sobre leyes, disposiciones o actos enjuiciados por el Tribunal Constitucional habrá de entenderse corregida por la doctrina derivada de las sentencias y autos que resuelvan los procesos constitucionales.

## TÍTULO III

### Del recurso de amparo constitucional

#### CAPÍTULO PRIMERO

DE LA PROCEDENCIA E INTERPOSICIÓN DEL RECURSO DE AMPARO CONSTITUCIONAL

**Art. 41.** Uno. Los derechos y libertades reconocidos en los artículos 14 a 29 de la Constitución serán susceptibles de amparo constitucional, en los casos y formas que esta Ley establece, sin perjuicio de su tutela general encomendada a los Tribunales de Justicia. Igual protección será aplicable a la objeción de conciencia reconocida en el artículo 30 de la Constitución.

Dos. El recurso de amparo constitucional protege, en los términos que esta Ley establece,

frente a las violaciones de los derechos y libertades a que se refiere el apartado anterior, originadas por las disposiciones, actos jurídicos, omisiones o simple vía de hecho de los poderes públicos del Estado, las Comunidades Autónomas y demás entes públicos de carácter territorial, corporativo o institucional, así como de sus funcionarios o agentes.

Tres. En el amparo constitucional no pueden hacerse valer otras pretensiones que las dirigidas a restablecer o preservar los derechos o libertades por razón de los cuales se formuló el recurso.

**Art. 42.** Las decisiones o actos sin valor de Ley, emanados de las Cortes o de cual-

---

**Art. 41:** Art. 6, L.O. 3/1984, de 26 de marzo, reguladora de la iniciativa legislativa popular. Arts. 49.3 y 114.2, L.O. 5/1985, de 19 de junio, de Régimen Electoral General.

**Art. 42:** Art. 6, L.O. reguladora de la iniciativa legislativa popular, cit.

quiera de sus órganos, o de las Asambleas legislativas de las Comunidades Autónomas, o de sus órganos, que violen los derechos y libertades susceptibles de amparo constitucional, podrán ser recurridos dentro del plazo de tres meses desde que, con arreglo a las normas internas de las Cámaras o Asambleas, sean firmes.

**Art. 43.** Uno. Las violaciones de los derechos y libertades antes referidos originadas por disposiciones, actos jurídicos, omisiones o simple vía de hecho del Gobierno o de sus autoridades o funcionarios, o de los órganos ejecutivos colegiados de las Comunidades Autónomas o de sus autoridades o funcionarios o agentes, podrán dar lugar al recurso de amparo una vez que se haya agotado la vía judicial procedente.

Dos. El plazo para interponer el recurso de amparo constitucional será el de los veinte días siguientes a la notificación de la resolución recaída en el previo proceso judicial.

Tres. El recurso sólo podrá fundarse en la infracción por una resolución firme de los preceptos constitucionales que reconocen los derechos o libertades susceptibles de amparo.

**Art. 44.** Uno. Las violaciones de los derechos y libertades susceptibles de amparo constitucional, que tuvieran su origen inmediato y directo en un acto u omisión de un órgano judicial, podrán dar lugar a este recurso siempre que se cumplan los requisitos siguientes:

*a*) Que se hayan agotado todos los medios de impugnación previstos por las normas procesales para el caso concreto dentro de la vía judicial.

*b*) Que la violación del derecho o libertad sea imputable de modo inmediato y directo a una acción u omisión del órgano judicial con independencia de los hechos que dieron lugar al proceso en que aquéllas se produjeron, acerca de los que en ningún caso entrará a conocer el Tribunal Constitucional.

*c*) Que se haya denunciado formalmente en el proceso, si hubo oportunidad, la vulneración del derecho constitucional tan pronto como, una vez conocida, hubiera lugar para ello.

Dos. El plazo para interponer el recurso de amparo será de treinta días, a partir de la notifi-

---

**Art. 43:** Acuerdo del Pleno del Tribunal Constitucional de 15 de junio de 1982, por el que se acuerdan las normas que han de regir el funcionamiento del Tribunal durante el período de vacaciones.

cación de la resolución recaída en el proceso judicial.

**Art. 45.** [*Derogado por la LO 8/1984.*]

**Art. 46.** Uno. Están legitimados para interponer el recurso de amparo constitucional:

*a)* En los casos de los artículos 42 y 45, la persona directamente afectada, el Defensor del Pueblo y el Ministerio Fiscal.

*b)* En los casos de los artículos 43 y 44, quienes hayan sido parte en el proceso judicial correspondiente, el Defensor del Pueblo y el Ministerio Fiscal.

Dos. Si el recurso se promueve por el Defensor del Pueblo o el Ministerio Fiscal, la Sala competente para conocer del amparo constitucional lo comunicará a los posibles agraviados que fueran conocidos y ordenará anunciar la interposición del recurso en el *Boletín Oficial del Estado* a efectos de comparecencia de otros posibles interesados. Dicha publicación tendrá carácter preferente.

**Art. 47.** Uno. Podrán comparecer en el proceso de amparo constitucional, con el carácter de demandado o con el de coadyuvante, las personas

favorecidas por la decisión, acto o hecho en razón del cual se formule el recurso o que ostenten un interés legítimo en el mismo.

Dos. El Ministerio Fiscal intervendrá en todos los procesos de amparo, en defensa de la legalidad, de los derechos de los ciudadanos y del interés público tutelado por la Ley.

CAPÍTULO II

DE LA TRAMITACIÓN
DE LOS RECURSOS
DE AMPARO CONSTITUCIONAL

**Art. 48.** El conocimiento de los recursos de amparo constitucional corresponde a las Salas del Tribunal Constitucional y, en su caso, a las Secciones.

**Art. 49.** Uno. El recurso de amparo constitucional se iniciará mediante demanda en la que se expondrán con claridad y concisión los hechos que la fundamenten, se citarán los preceptos constitucionales que se estimen infringidos y se fijará con precisión el amparo que se solicita para preservar o restablecer el derecho o libertad que se considere vulnerado. En todo

---

**Art. 46:** Art. 29, L.O. del Defensor del Pueblo, cit. Art. 3.11 y 12 del Estatuto Orgánico del Ministerio Fiscal, cit.

caso, la demanda justificará la especial trascendencia constitucional del recurso.

Dos. Con la demanda se acompañarán:

*a*) El documento que acredite la representación del solicitante del amparo.

*b*) En su caso, la copia, traslado o certificación de la resolución recaída en el procedimiento judicial o administrativo.

Tres. A la demanda se acompañarán también tantas copias literales de la misma y de los documentos presentados como partes en el previo proceso, si lo hubiere, y una más para el Ministerio Fiscal.

Cuatro. De incumplirse cualquiera de los requisitos establecidos en los apartados que anteceden, las Secretarías de Justicia lo pondrán de manifiesto al interesado en el plazo de diez días, con el apercibimiento de que, de no subsanarse el defecto, se acordará la inadmisión del recurso.

**Art. 50.** Uno. El recurso de amparo debe ser objeto de una decisión de admisión a trámite. La Sección, por unanimidad de sus miembros, acordará mediante providencia la admisión, en todo o en parte, del recurso solamente cuando concurran todos los siguientes requisitos:

*a*) Que la demanda cumpla con lo dispuesto en los artículos 41 a 46 y 49.

*b*) Que el contenido del recurso justifique una decisión sobre el fondo por parte del Tribunal Constitucional en razón de su especial trascendencia constitucional, que se apreciará atendiendo a su importancia para la interpretación de la Constitución, para su aplicación o para su general eficacia, y para la determinación del contenido y alcance de los derechos fundamentales.

Dos. Cuando la admisión a trámite, aun habiendo obtenido la mayoría, no alcance la unanimidad, la Sección trasladará la decisión a la Sala respectiva para su resolución.

Tres. Las providencias de inadmisión, adoptadas por las Secciones o las Salas, especificarán el requisito incumplido y se notificarán al demandante y al Ministerio Fiscal. Dichas providencias solamente podrán ser recurridas en súplica por el Ministerio Fiscal en el plazo de tres días. Este recurso se resolverá mediante auto, que no será susceptible de impugnación alguna.

Cuatro. Cuando en la demanda de amparo concurran uno o varios defectos de naturaleza subsanable, se procederá en la forma prevista en el artículo 49.4; de no producirse la subsanación dentro del plazo fijado en dicho precepto, la Sección acordará la inadmisión mediante providencia, contra la cual no cabrá recurso alguno.

**Art. 51.** Uno. Admitida la demanda de amparo, la Sala requerirá con carácter urgente al órgano o a la autoridad de que dimane la decisión, el acto o el hecho, o al Juez o Tribunal que conoció del procedimiento precedente para que, en plazo que no podrá exceder de diez días, remita las actuaciones o testimonio de ellas.

Dos. El órgano, autoridad, Juez o Tribunal acusará inmediato recibo del requerimiento, cumplimentará el envío dentro del plazo señalado y emplazará a quienes fueron parte en el procedimiento antecedente para que puedan comparecer en el proceso constitucional en el plazo de diez días.

**Art. 52.** Uno. Recibidas las actuaciones y transcurrido el tiempo de emplazamiento, la Sala dará vista de las mismas a quien promovió el amparo, a los personados en el proceso, al Abogado del Estado, si estuviera interesada la Administración Pública y al Ministerio Fiscal. La vista será por plazo común que no podrá exceder de veinte días, y durante él podrán presentarse las alegaciones procedentes.

Dos. Presentadas las alegaciones o transcurrido el plazo otorgado para efectuarlas, la Sala podrá deferir la resolución del recurso, cuando para su resolución sea aplicable doctrina consolidada del Tribunal Constitucional, a una de sus Secciones o señalar día para la vista, en su caso, o deliberación y votación.

Tres. La Sala, o en su caso la Sección, pronunciará la sentencia que proceda en el plazo de diez días a partir del día señalado para la vista o deliberación.

## CAPÍTULO III

### DE LA RESOLUCIÓN DE LOS RECURSOS DE AMPARO CONSTITUCIONAL Y SUS EFECTOS

**Art. 53.** La Sala o, en su caso, la Sección, al conocer del fondo del asunto, pronunciará en su sentencia alguno de estos fallos:

*a*) Otorgamiento de amparo.

*b*) Denegación de amparo.

**Art. 54.** Cuando la Sala o, en su caso, la Sección conozca del recurso de amparo respecto de decisiones de jueces y tribunales, limitará su función a concretar si se han violado derechos o libertades del demandante y a preservar o restablecer estos derechos o libertades, y se abstendrá de cualquier otra consideración sobre la actuación de los órganos jurisdiccionales.

**Art. 55.** Uno. La sentencia que otorgue el amparo contendrá alguno o algunos de los pronunciamientos siguientes:

*a*) Declaración de nulidad de la decisión, acto o resolución que hayan impedido el pleno ejercicio de los derechos o libertades protegidos, con determinación, en su caso, de la extensión de sus efectos.

*b*) Reconocimiento del derecho o libertad pública, de conformidad con su contenido constitucionalmente declarado.

*c*) Restablecimiento del recurrente en la integridad de su derecho o libertad con la adopción de las medidas apropiadas, en su caso, para su conservación.

Dos. En el supuesto de que el recurso de amparo debiera ser estimado porque, a juicio de la Sala o, en su caso, la Sección, la ley aplicada lesione derechos fundamentales o libertades públicas, se elevará la cuestión al Pleno con suspensión del plazo para dictar sentencia, de conformidad con lo prevenido en los artículos 35 y siguientes.

**Art. 56.** Uno. La interposición del recurso de amparo no suspenderá los efectos del acto o sentencia impugnados.

Dos. Ello no obstante, cuando la ejecución del acto o sentencia impugnados produzca un perjuicio al recurrente que pudiera hacer perder al amparo su finalidad, la Sala, o la Sección en el supuesto del artículo 52.2, de oficio o a instancia del recurrente, podrá disponer la suspensión, total o parcial, de sus efectos, siempre y cuando la suspensión no ocasione perturbación grave a un interés constitucionalmente protegido, ni a los derechos fundamentales o libertades de otra persona.

Tres. Asimismo, la Sala o la Sección podrá adoptar cualesquiera medidas cautelares y resoluciones provisionales previstas en el ordenamiento, que, por su naturaleza, puedan aplicarse en el proceso de amparo y tiendan a evitar que el recurso pierda su finalidad.

Cuatro. La suspensión u otra medida cautelar podrá pedirse en cualquier tiempo, antes de haberse pronunciado la sentencia o decidirse el amparo de otro modo. El incidente de suspensión se sustanciará con audiencia de las partes y del Ministerio Fiscal, por un plazo común que no excederá de tres días y con el informe de las autoridades responsables de la ejecución, si la Sala o la Sección lo creyera necesario. La Sala o la Sección podrá condicionar la denegación de la suspensión en el caso de que pudiera seguirse perturbación grave de los derechos de un tercero, a la Constitución de caución suficiente para responder de los daños o perjuicios que pudieran originarse.

Cinco. La Sala o la Sección podrá condicionar la suspensión de la ejecución y la adopción de las medidas cautelares a la satisfacción por el interesado de la oportuna fianza suficiente para responder de los daños y perjuicios que pudieren originarse. Su fijación y determinación podrá delegarse en el órgano jurisdiccional de instancia.

Seis. En supuestos de urgencia excepcional, la adopción de la suspensión y de las medidas cautelares y provisionales podrá efectuarse en la resolución de la admisión a trámite. Dicha adopción podrá ser impugnada en el plazo de cinco días desde su notificación, por el Ministerio Fiscal y demás partes personadas. La Sala o la Sección resolverá el incidente mediante auto no susceptible de recurso alguno.

**Art. 57.** La suspensión o su denegación puede ser modificada durante el curso del juicio de amparo constitucional, de oficio o a instancia de parte, en virtud de circunstancias sobrevenidas o que no pudieron ser conocidas al tiempo de sustanciarse el incidente de suspensión.

**Art. 58.** Uno. Serán competentes para resolver sobre las peticiones de indemnización de los daños causados como consecuencia de la concesión o denegación de la suspensión los Jueces o Tribunales, a cuya disposición se pondrán las fianzas constituidas.

Dos. Las peticiones de indemnización, que se substanciarán por el trámite de los incidentes, deberán presentarse dentro del plazo de un año a partir de la publicación de la sentencia del Tribunal Constitucional.

## TÍTULO IV

### De los conflictos constitucionales

CAPÍTULO PRIMERO

Disposiciones generales

**Art. 59.** Uno. El Tribunal Constitucional entenderá de los conflictos que se susciten sobre las competencias o atribuciones asignadas directamente por la Constitución, los Estatutos de Autonomía o las Leyes orgánicas u ordinarias dictadas para delimitar los ámbitos propios del Estado y las Comunidades Autónomas y que opongan:

*a)* Al Estado con una o más Comunidades Autónomas.

*b)* A dos o más Comunidades Autónomas entre sí.

*c)* Al Gobierno con el Congreso de los Diputados, el Senado o el Consejo General del Poder Judicial; o a cualquiera de estos órganos constitucionales entre sí.

Dos. El Tribunal Constitucional entenderá también de los conflictos en defensa de la autonomía local que planteen los municipios y provincias frente al Estado o a una Comunidad Autónoma.

## CAPÍTULO II

DE LOS CONFLICTOS
ENTRE EL ESTADO
Y LAS COMUNIDADES
AUTÓNOMAS O DE ÉSTAS
ENTRE SÍ

**Art. 60.** Los conflictos de competencia que opongan al Estado con una Comunidad Autónoma o a éstas entre sí, podrán ser suscitados por el Gobierno o por los órganos colegiados ejecutivos de las Comunidades Autónomas, en la forma que determinan los artículos siguientes. Los conflictos negativos podrán ser instados también por las personas físicas o jurídicas interesadas.

**Art. 61.** Uno. Pueden dar lugar al planteamiento de los conflictos de competencia las disposiciones, resoluciones y actos emanados de los órganos del Estado o de los órganos de las Comunidades Autónomas o la omisión de tales disposiciones, resoluciones o actos.

Dos. Cuando se plantease un conflicto de los mencionados en

el artículo anterior con motivo de una disposición, resolución o acto cuya impugnación estuviese pendiente ante cualquier Tribunal, este suspenderá el curso del proceso hasta la decisión del conflicto constitucional.

Tres. La decisión del Tribunal Constitucional vinculará a todos los poderes públicos y tendrá Plenos efectos frente a todos.

SECCIÓN 1.ª

*Conflictos positivos*

**Art. 62.** Cuando el Gobierno considere que una disposición o resolución de una Comunidad Autónoma no respeta el orden de competencia establecido en la Constitución, en los Estatutos de Autonomía o en las Leyes orgánicas correspondientes, podrá formalizar directamente ante el Tribunal Constitucional, en el plazo de dos meses, el conflicto de competencia, o hacer uso del previo requerimiento regulado en el artículo siguiente, todo ello sin perjuicio de que el Gobierno pueda invocar el artículo 161.2 de la Constitución, con los efectos correspondientes.

**Art. 63.** Uno. Cuando el órgano ejecutivo superior de una Comunidad Autónoma considerase que una disposición, resolución o acto emanado de la autoridad de otra Comunidad o del Estado no respeta el orden de competencias establecido en la Constitución, en los Estatutos de Autonomía o en las Leyes correspondientes y siempre que afecte a su propio ámbito, requerirá a aquélla o a éste para que sea derogada la disposición o anulados la resolución o el acto en cuestión.

Dos. El requerimiento de incompetencia podrá formularse dentro de los dos meses siguientes al día de la publicación o comunicación de la disposición, resolución o acto que se entiendan viciados de incompetencia o con motivo de un acto concreto de aplicación y se dirigirá directamente al Gobierno o al órgano ejecutivo superior de la otra Comunidad Autónoma, dando cuenta igualmente al Gobierno en este caso.

Tres. En el requerimiento se especificarán con claridad los preceptos de la disposición o los puntos concretos de la resolución o acto viciados de incompetencia, así como las disposiciones legales o constitucionales de las que el vicio resulte.

Cuatro. El órgano requerido, si estima fundado el requerimiento, deberá atenderlo en el plazo máximo de un mes a partir de su recepción, comunicándolo así al requirente y al Gobierno, si éste no actuara en tal condición. Si no lo estimara fundado, deberá igualmente rechazarlo dentro del mismo plazo, a cuyo término se entenderán en todo caso rechazados los requerimientos no atendidos.

Cinco. Dentro del mes siguiente a la notificación del rechazo o al término del plazo a que se refiere el apartado anterior, el órgano requirente, si no ha obtenido satisfacción, podrá plantear el conflicto ante el Tribunal Constitucional, certificando el cumplimiento infructuoso del trámite de requerimiento y alegando los fundamentos jurídicos en que éste se apoya.

**Art. 64.** Uno. En el término de diez días, el Tribunal comunicará al Gobierno u órgano autonómico correspondiente la iniciación del conflicto, señalándose plazo, que en ningún caso será mayor de veinte días, para que aporte cuantos documentos y alegaciones considere convenientes.

Dos. Si el conflicto hubiere sido entablado por el Gobierno una vez adoptada decisión por la Comunidad Autónoma y con invocación del artículo 161.2 de la Constitución, su formalización comunicada por el Tribunal suspenderá inmediatamente la vigencia de la disposición, resolución o acto que hubiesen dado origen al conflicto.

Tres. En los restantes supuestos, el órgano que formalice el conflicto podrá solicitar del Tribunal la suspensión de la disposición, resolución o acto objeto del conflicto, invocando perjuicios de imposible o difícil reparación, el Tribunal acordará o denegará libremente la suspensión solicitada.

Cuatro. El planteamiento del conflicto iniciado por el Gobierno y, en su caso, el auto del Tribunal por el que se acuerde la suspensión de la disposición, resolución o acto objeto del conflicto serán notificados a los interesados y publicados en el correspondiente *Diario Oficial* por el propio Tribunal.

**Art. 65.** Uno. El Tribunal podrá solicitar de las partes cuantas informaciones, aclaraciones o precisiones juzgue necesarias para su decisión y resolverá dentro de los quince días siguientes al término del plazo de alegaciones o del que, en su caso, se fijare para las informaciones, aclaraciones o precisiones complementarias antes aludidas.

Dos. En el caso previsto en el número dos del artículo anterior, si la sentencia no se produjera dentro de los cinco meses desde la iniciación del conflicto, el Tribunal deberá resolver dentro de este plazo, por auto motivado, acerca del mantenimiento o levantamiento de la suspensión del acto, resolución o disposición impugnados de incompetencia por el Gobierno.

**Art. 66.** La sentencia declarará la titularidad de la competencia controvertida y acordará, en su caso, la anulación de la disposición, resolución o actos que originaron el conflicto en cuanto estuvieren viciados de incompetencia, pudiendo disponer lo que fuera procedente respecto de las situaciones de hecho o de derecho creadas al amparo de la misma.

**Art. 67.** Si la competencia controvertida hubiera sido atribuida por una Ley o norma con rango de Ley, el conflicto de competencias se tramitará desde su inicio o, en su caso, desde que en defensa de la competencia ejercida se invocare la existencia de la norma legal habilitante, en la forma prevista para el recurso de inconstitucionalidad.

SECCIÓN 2.ª

*Conflictos negativos*

**Art. 68.** Uno. En el caso de que un órgano de la Administración del Estado declinare su competencia para resolver cualquier pretensión deducida ante el mismo por persona física o jurídica, por entender que la competencia corresponde a una Comunidad Autónoma, el interesado, tras haber agotado la vía administrativa mediante recurso ante el

Ministerio correspondiente, podrá reproducir su pretensión ante el órgano ejecutivo colegiado de la Comunidad Autónoma que la resolución declare competente. De análogo modo se procederá si la solicitud se promueve ante una Comunidad Autónoma y ésta se inhibe por entender competente al Estado o a otra Comunidad Autónoma.

Dos. La Administración solicitada en segundo lugar deberá admitir o declinar su competencia en el plazo de un mes. Si la admitiere, procederá a tramitar la solicitud presentada. Si se inhibiere, deberá notificarlo al requirente, con indicación precisa de los preceptos en que se funda su resolución.

Tres. Si la Administración a que se refiere el apartado anterior declinare su competencia o no pronunciare decisión afirmativa en el plazo establecido, el interesado podrá acudir al Tribunal Constitucional. A tal efecto, deducirá la oportuna demanda dentro del mes siguiente a la notificación de la declinatoria o si trascurriese el plazo establecido en el apartado dos del presente artículo sin resolución expresa, en solicitud de que se tramite y resuelva el conflicto de competencia negativo.

**Art. 69.** Uno. La solicitud de planteamiento de conflicto se formulará mediante escrito,

al que habrán de acompañarse los documentos que acrediten haber agotado el trámite a que se refiere el artículo anterior y las resoluciones recaídas durante el mismo.

Dos. Si el Tribunal entendiere que la negativa de las Administraciones implicadas se basa precisamente en una diferencia de interpretación de preceptos constitucionales o de los Estatutos de Autonomía o de Leyes orgánicas u ordinarias que delimiten los ámbitos de competencia del Estado y de las Comunidades Autónomas declarará, mediante auto que habrá de ser dictado dentro de los diez días siguientes al de la presentación del escrito, planteado el conflicto. Dará inmediato traslado del auto al solicitante y a las Administraciones implicadas, así como a cualesquiera otras que el Tribunal considere competentes, a las que remitirá además copia de la solicitud de su planteamiento y de los documentos acompañados a la misma y fijará a todos el plazo común de un mes para que aleguen cuanto estimen conducente a la solución del conflicto planteado.

**Art. 70.** Uno. Dentro del mes siguiente a la conclusión del plazo señalado en el artículo anterior o, en su caso, del que sucesivamente el Tribunal hubiere concedido para responder a las peticiones de aclaración, ampliación o precisión que les hubiere dirigido, se dictará sentencia que declarará cuál es la Administración competente.

Dos. Los plazos administrativos agotados se entenderán nuevamente abiertos por su duración ordinaria a partir de la publicación de la sentencia.

**Art. 71.** Uno. El Gobierno podrá igualmente plantear conflicto de competencias negativo cuando habiendo requerido al órgano ejecutivo superior de una Comunidad Autónoma para que ejercite las atribuciones propias de la competencia que a la Comunidad confieran sus propios estatutos o una Ley orgánica de delegación o transferencia, sea desatendido su requerimiento por declararse incompetente el órgano requerido.

Dos. La declaración de incompetencia se entenderá implícita por la simple inactividad del órgano ejecutivo requerido dentro del plazo que el Gobierno le hubiere fijado para el ejercicio de sus atribuciones, que en ningún caso será inferior a un mes.

**Art. 72.** Uno. Dentro del mes siguiente al día en que de

manera expresa o tácita haya de considerarse rechazado el requerimiento a que se refiere el artículo anterior, el Gobierno podrá plantear ante el Tribunal Constitucional el conflicto negativo mediante escrito en el que habrán de indicarse los preceptos constitucionales, estatutarios o legales que a su juicio obligan a la Comunidad Autónoma a ejercer sus atribuciones.

Dos. El Tribunal dará traslado del escrito al órgano ejecutivo superior de la Comunidad Autónoma, al que fijará un plazo de un mes para presentar las alegaciones que entienda oportunas.

Tres. Dentro del mes siguiente a la conclusión de tal plazo o, en su caso, del que sucesivamente hubiere fijado al Estado o a la Comunidad Autónoma para responder a las peticiones de aclaración, ampliación o precisiones que les hubiere dirigido, el Tribunal dictará sentencia, que contendrá alguno de los siguientes pronunciamientos:

*a)* La declaración de que el requerimiento es procedente, que conllevará el establecimiento de un plazo dentro del cual la Comunidad Autónoma deberá ejercitar la atribución requerida.

*b)* La declaración de que el requerimiento es improcedente.

## CAPÍTULO III

### DE LOS CONFLICTOS ENTRE ÓRGANOS CONSTITUCIONALES DEL ESTADO

**Art. 73.** Uno. En el caso en que alguno de los órganos constitucionales a los que se refiere el artículo 59.3 de esta Ley, por acuerdo de sus respectivos Plenos, estime que otro de dichos órganos adopta decisiones asumiendo atribuciones que la Constitución o las Leyes orgánicas confieren al primero, éste se lo hará saber así dentro del mes siguiente a la fecha en que llegue a su conocimiento la decisión de la que se infiera la indebida asunción de atribuciones y solicitará de él que la revoque.

Dos. Si el órgano al que se dirige la notificación afirmara que actúa en el ejercicio constitucional y legal de sus atribuciones o, dentro del plazo de un mes a partir de la recepción de aquélla no rectificase en el sentido que le hubiera sido solicitado, el órgano que estime indebidamente asumidas sus atribuciones planteará el conflicto ante el Tribunal Constitucional dentro del mes siguiente. A tal efecto, presentará un escrito

en el que se especificarán los preceptos que considera vulnerados y formulará las alegaciones que estime oportunas. A este escrito acompañará una certificación de los antecedentes que repute necesarios y de la comunicación cursada en cumplimiento de lo prevenido en el apartado anterior de este artículo.

**Art. 74.** Recibido el escrito, el Tribunal, dentro de los diez días siguientes, dará traslado del mismo al órgano requerido y le fijará el plazo de un mes para formular las alegaciones que estime procedentes. Idénticos traslados y emplazamientos se harán a todos los demás órganos legitimados para plantear este género de conflictos, los cuales podrán comparecer en el procedimiento, en apoyo del demandante o del demandado, si entendieren que la solución del conflicto planteado afecta de algún modo a sus propias atribuciones.

**Art. 75.** Uno. El Tribunal podrá solicitar de las partes cuantas informaciones, aclaraciones o precisiones juzgue necesarias para su decisión y resolverá dentro del mes siguiente a la expiración del plazo de alegaciones a

---

**Art. 73:** Art. 186, Reglamento del Senado. Art. 127.13, L.O. del Poder Judicial, cit.

**Art. 74:** Art. 2, Ley 77/1985, de 2 de abril, reguladora de las Bases del Régimen Local.

que se refiere el artículo anterior o del que, en su caso, se fijare para las informaciones, aclaraciones o precisiones complementarias, que no será superior a otros treinta días.

Dos. La sentencia del Tribunal determinará a que órgano corresponden las atribuciones constitucionales controvertidas y declarará nulos los actos ejecutados por invasión de atribuciones y resolverá, en su caso, lo que procediere sobre las situaciones jurídicas producidas al amparo de los mismos.

## CAPÍTULO IV

### DE LOS CONFLICTOS EN DEFENSA DE LA AUTONOMÍA LOCAL

**Art. 75 bis.** Uno. Podrán dar lugar al planteamiento de los conflictos en defensa de la autonomía local las normas del Estado con rango de ley o las disposiciones con rango de ley de las Comunidades Autónomas que lesionen la autonomía local constitucionalmente garantizada.

Dos. La decisión del Tribunal Constitucional vinculará a todos los poderes públicos y tendrá Plenos efectos frente a todos.

**Art. 75 ter.** Uno. Están legitimados para plantear estos conflictos:

*a*) El municipio o provincia que sea destinatario único de la ley.

*b*) Un número de municipios que supongan al menos un séptimo de los existentes en el ámbito territorial de aplicación de la disposición con rango de ley, y representen como mínimo un sexto de la población oficial del ámbito territorial correspondiente.

*c*) Un número de provincias que supongan al menos la mitad de las existentes en el ámbito territorial de aplicación de la disposición con rango de ley, y representen como mínimo la mitad de la población oficial.

Dos. Para iniciar la tramitación de los conflictos en defensa de la autonomía local será necesario el acuerdo del órgano plenario de las Corporaciones locales con el voto favorable de la mayoría absoluta del número legal de miembros de las mismas.

Tres. Una vez cumplido el requisito establecido en el apartado anterior, y de manera previa a la formalización del conflicto, deberá solicitarse dictamen, con carácter preceptivo pero no vinculante, del Consejo de Estado u órgano consultivo de la correspondiente Comunidad Autónoma, según que el ámbito territorial al que pertenezcan las Corporaciones locales corresponda a varias o a una Comunidad Autónoma. En las Comunidades Autónomas que no dispongan de órgano consultivo, el dictamen corresponderá al Consejo de Estado.

Cuatro. Las asociaciones de entidades locales podrán asistir a los entes locales legitimados a fin de facilitarles el cumplimiento de los requisitos establecidos en el procedimiento de tramitación del presente conflicto.

**Art. 75 quáter.** Uno. La solicitud de los dictámenes a que se refiere el artículo anterior deberá formalizarse dentro de los tres meses siguientes al día de la publicación de la ley que se entienda lesiona la autonomía local.

Dos. Dentro del mes siguiente a la recepción del dictamen del Consejo de Estado o del órgano consultivo de la correspondiente Comunidad Autónoma, los municipios o provincias legitimados podrán plantear el conflicto ante el Tribunal Constitucional, acreditando el cumplimiento de los requisitos exigidos en el artículo anterior y alegándose los fundamentos jurídicos en que se apoya.

**Art. 75 quinquies.** Uno. Planteado el conflicto, el Tribunal podrá acordar, mediante auto motivado, la inadmisión del mismo por falta de legitimación u otros requisitos exigibles y no subsanables o cuando estuviere

notoriamente infundada la controversia suscitada.

Dos. Admitido a trámite el conflicto, en el término de diez días, el Tribunal dará traslado del mismo a los órganos legislativo y ejecutivo de la Comunidad Autónoma de quien hubiese emanado la ley, y en todo caso a los órganos legislativo y ejecutivo del Estado. La personación y la formulación de alegaciones deberán realizarse en el plazo de veinte días.

Tres. El planteamiento del conflicto será notificado a los interesados y publicado en el correspondiente *Diario Oficial* por el propio Tribunal.

Cuatro. El Tribunal podrá solicitar de las partes cuantas informaciones, aclaraciones o precisiones juzgue necesarias para su decisión y resolverá dentro de los quince días siguientes al término del plazo de alegaciones o del que, en su caso, se fijare para las informaciones, aclaraciones o precisiones complementarias antes aludidas.

Cinco. La sentencia declarará si existe o no vulneración de la autonomía local constitucionalmente garantizada, determinando, según proceda, la titularidad o atribución de la competencia controvertida, y resolverá, en su caso, lo que procediere sobre las situaciones de hecho o de derecho creadas en lesión de la autonomía local.

Seis. La declaración, en su caso, de inconstitucionalidad de la ley que haya dada lugar al conflicto requerirá nueva sentencia si el Pleno decide plantearse la cuestión tras la resolución del conflicto declarando que ha habi-

do vulneración de la autonomía local. La cuestión se sustanciará por el procedimiento establecido en los artículos 37 y concordantes y tendrá los efectos ordinarios previstos en los artículos 38 y siguientes.

## TÍTULO V

### De la impugnación de disposiciones sin fuerza de ley y resoluciones de las Comunidades Autónomas prevista en el artículo 161.2 de la Constitución

**Art. 76.** Dentro de los dos meses siguientes a la fecha de su publicación o, en defecto de la misma, desde que llegare a su conocimiento, el Gobierno podrá impugnar ante el Tribunal Constitucional las disposiciones normativas sin fuerza de Ley y resoluciones emanadas de cualquier órgano de las Comunidades Autónomas.

**Art. 77.** La impugnación regulada en este título, sea cual

fuere el motivo en que se base, se formulará y sustanciará por el procedimiento previsto en los artículos 62 a 67 de esta Ley. La formulación de la impugnación comunicada por el Tribunal producirá la suspensión de la disposición o resolución recurrida hasta que el Tribunal resuelva ratificarla o levantarla en plazo no superior a cinco meses, salvo que, con anterioridad, hubiera dictado sentencia.

## TÍTULO VI

### De la declaración sobre la constitucionalidad de los Tratados Internacionales

**Art. 78.** Uno. El Gobierno o cualquiera de ambas Cámaras podrán requerir al Tribunal Constitucional para que se pronuncie sobre la existencia

o inexistencia de contradicción entre la Constitución y las estipulaciones de un Tratado Internacional cuyo texto estuviera ya definitivamente fijado, pero al que no se hubiere prestado aún el consentimiento del Estado.

Dos. Recibido el requerimiento, el Tribunal Constitucional emplazará al solicitante y a los restantes órganos legitimados, según lo previsto en el apartado anterior, a fin de que, en el término de un mes, expresen su opinión fundada sobre la cuestión. Dentro del mes siguiente al transcurso de este plazo y salvo lo dispuesto en el apartado siguiente, el Tribunal Constitucional emitirá su declaración, que, de acuerdo con lo establecido en el artículo 95 de la Constitución, tendrá carácter vinculante.

Tres. En cualquier momento podrá el Tribunal Constitucional solicitar de los órganos mencionados en el apartado anterior o de otras personas físicas o jurídicas u otros órganos del Estado o de las Comunidades Autónomas, cuantas aclaraciones, ampliaciones o precisiones estimen necesarias, alargando el plazo de un mes antes citado en el mismo tiempo que hubiese concedido para responder a sus consultas, que no podrá exceder de treinta días.

## TÍTULO VI BIS

**Del recurso previo de inconstitucionalidad contra Proyectos de Estatutos de Autonomía y contra Propuestas de Reforma de Estatutos de Autonomía**

**Art. 79.** Uno. Son susceptibles de recurso de inconstitucionalidad, con carácter previo, los Proyectos de Estatutos de Autonomía y las propuestas de reforma de los mismos.

Dos. El recurso tendrá por objeto la impugnación del texto definitivo del Proyecto de Estatuto o de la Propuesta de Reforma de un Estatuto, una vez aprobado por las Cortes Generales.

Tres. Están legitimados para interponer el recurso previo de inconstitucionalidad quienes, de acuerdo con la Constitución y con esta Ley Orgánica, están legitimados para interponer recursos de inconstitucionalidad contra Estatutos de Autonomía.

Cuatro. El plazo para la interposición del recurso será de tres días desde la publicación del texto aprobado en el *Boletín Oficial de las Cortes Generales*. La interposición del recurso suspenderá automáticamente todos los trámites subsiguientes.

Cinco. Cuando la aprobación del Proyecto de Estatuto

o de la Propuesta de reforma haya de ser sometida a referéndum en el territorio de la respectiva Comunidad Autónoma, el mismo no podrá convocarse hasta que haya resuelto el Tribunal Constitucional y, en su caso, se hayan suprimido o modificado por las Cortes Generales los preceptos declarados inconstitucionales.

Seis. El recurso previo de inconstitucionalidad se sustanciará en la forma prevista en el capítulo II del título II de esta Ley y deberá ser resuelto por el Tribunal Constitucional en el plazo improrrogable de seis meses desde su interposición. El Tribunal dispondrá lo necesario para dar cumplimiento efectivo a esta previsión, reduciendo los plazos ordinarios y dando en todo caso preferencia a la resolución de estos recursos sobre el resto de asuntos en tramitación.

Siete. Cuando el pronunciamiento del Tribunal declare la inexistencia de la inconstitucionalidad alegada, seguirán su curso los trámites conducentes a su entrada en vigor, incluido, en su caso, el correspondiente procedimiento de convocatoria y celebración de referéndum.

Ocho. Si, por el contrario, declara la inconstitucionalidad del texto impugnado, deberá concretar los preceptos a los que alcanza, aquellos que por conexión o consecuencia quedan afectados por tal declaración y el precepto o preceptos constitucionales infringidos. En este supuesto, la tramitación no podrá proseguir sin que tales preceptos hayan sido suprimidos o modificados por las Cortes Generales.

Nueve. El pronunciamiento en el recurso previo no prejuzga la decisión del Tribunal en los recursos o cuestiones de inconstitucionalidad que pudieren interponerse tras la entrada en vigor con fuerza de ley del texto impugnado en la vía previa.

# TÍTULO VII

## De las disposiciones comunes sobre procedimiento

**Art. 80.** Se aplicarán, con carácter supletorio de la presente Ley, los preceptos de la Ley Orgánica del Poder Judicial y de

---

**Art. 80:** Ley 1/2000, de 7 de enero, de Enjuiciamiento Civil. Acuerdo de 15 de septiembre de 2016, del Pleno del Tribunal Constitucional por el que se regula el Registro General y se crea el Registro Electrónico del Tribunal.

la Ley de Enjuiciamiento Civil, en materia de comparecencia en juicio, recusación y abstención, publicidad y forma de los actos, comunicaciones y actos de auxilio jurisdiccional, día y horas hábiles, cómputo de plazos, deliberación y votación, caducidad, renuncia y desistimiento, lengua oficial y policía de estrados.

En materia de ejecución de resoluciones se aplicará, con carácter supletorio de la presente Ley, los preceptos de la Ley de la Jurisdicción Contencioso-Administrativa.

**Art. 81.** Uno. Las personas físicas o jurídicas cuyo interés les legitime para comparecer en los procesos constitucionales, como actores o coadyuvantes, deberán conferir su representación a un procurador y actuar bajo la dirección de Letrado. Podrán comparecer por sí mismas, para defender derechos o intereses propios, las personas que tengan título de Licenciado en Derecho aunque no ejerzan la profesión de Procurador o de Abogado.

Dos. Para ejercer ante el Tribunal Constitucional en calidad de Abogado se requerirá estar incorporado a cualquiera

de los Colegios de Abogados de España en calidad de ejerciente.

Tres. Estarán inhabilitados para actuar como Abogado ante el Tribunal Constitucional quienes hubieren sido Magistrados o Letrados del mismo.

**Art. 82.** Uno. Los órganos o el conjunto de Diputados o Senadores investidos por la Constitución y por esta Ley de legitimación para promover procesos constitucionales actuarán en los mismos representados por el miembro o miembros que designen o por un comisionado nombrado al efecto.

Dos. Los órganos ejecutivos, tanto del Estado como de las Comunidades Autónomas, serán representados y defendidos por sus Abogados. Por los órganos ejecutivos del Estado actuará el Abogado del Estado.

**Art. 83.** El Tribunal podrá, a instancia de parte o de oficio, en cualquier momento, y previa audiencia de los comparecidos en el proceso constitucional, disponer la acumulación de aquellos procesos con objetos conexos que justifiquen la unidad de tramitación y decisión. La

---

**Art. 82.2:** Arts. 50 a 60 del R.D. 997/2003, de 15 de julio, por el que se aprueba el Reglamento General del Servicio Jurídico del Estado.

audiencia se hará por plazo que no exceda de diez días.

**Art. 84.** El Tribunal, en cualquier tiempo anterior a la decisión, podrá comunicar a los comparecidos en el proceso constitucional la eventual existencia de otros motivos distintos de los alegados, con relevancia para acordar lo procedente sobre la admisión o inadmisión y, en su caso, sobre la estimación o desestimación de la pretensión constitucional. La audiencia será común, por plazo no superior al de diez días con suspensión del término para dictar la resolución que procediere.

**Art. 85.** Uno. La iniciación de un proceso constitucional deberá hacerse por escrito fundado en el que se fijará con precisión y claridad lo que se pida.

Dos. Los escritos de iniciación del proceso se presentarán en la sede del Tribunal Constitucional dentro del plazo legalmente establecido. Los recursos de amparo podrán también presentarse hasta las 15 horas del día hábil siguiente al del vencimiento del plazo de interposición, en el registro del Tribunal Constitucional, o en la oficina o servicio de registro central de los Tribunales civiles de cualquier localidad, de conformidad con lo establecido en el artículo 135.1 de la Ley 1/2000, de 7 de enero, de Enjuiciamiento Civil.

El Tribunal determinará reglamentariamente las condiciones de empleo, a los efectos anteriores, de cualesquiera medios técnicos, electrónicos, informáticos o telemáticos.

Tres. El Pleno o las Salas podrán acordar la celebración de vista oral.

**Art. 86.** Uno. La decisión del proceso constitucional se producirá en forma de sentencia. Sin embargo, las decisiones de inadmisión inicial, desistimiento y caducidad adoptarán la forma de auto salvo que la presente Ley disponga expresamente otra forma. Las otras resoluciones adoptarán la forma de auto si son motivadas o de providencia si no lo son, según la índole de su contenido.

Dos. Las sentencias y las declaraciones a que se refiere el Título VI se publicarán en el *Boletín Oficial del Estado* dentro de los treinta días siguientes a la fecha del fallo. También podrá el

---

**Art. 85:** Acuerdo de 15 de marzo de 2023, del Pleno del Tribunal Constitucional, por el que se regula la presentación de los recursos de amparo a través de su sede electrónica (*B.O.E.* de 23 de marzo de 2023).

**Art. 86:** Acuerdo de 23 de julio de 2015, del Pleno del Tribunal Constitucional, por el que se regula la exclusión de los datos de identidad personal en la publicación de las resoluciones constitucionales.

Tribunal ordenar la publicación de sus autos en la misma forma cuando así lo estime conveniente.

Tres. Sin perjuicio en lo dispuesto en el apartado anterior, el Tribunal podrá disponer que las sentencias y demás resoluciones dictadas sean objeto de publicación a través de otros medios, y adoptará, en su caso, las medidas que estime pertinentes para la protección de los derechos reconocidos en el artículo 18.4 de la Constitución.

**Art. 87.** Uno. Todos los poderes públicos están obligados al cumplimiento de lo que el Tribunal Constitucional resuelva.

En particular, el Tribunal Constitucional podrá acordar la notificación personal de sus resoluciones a cualquier autoridad o empleado público que se considere necesario.

Dos. Los Juzgados y Tribunales prestarán con carácter preferente y urgente al Tribunal Constitucional el auxilio jurisdiccional que éste solicite.

A estos efectos, las sentencias y resoluciones del Tribunal Constitucional tendrán la consideración de títulos ejecutivos.

**Art. 88.** Uno. El Tribunal Constitucional podrá recabar de los poderes públicos y de los órganos de cualquier Administración Pública la remisión del expediente y de los informes y documentos relativos a la disposición o acto origen del proceso constitucional. Si el recurso hubiera sido ya admitido, el Tribunal habilitará un plazo para que el expediente, la información o los documentos puedan ser conocidos por las partes para que éstas aleguen lo que a su derecho convenga.

Dos. El Tribunal dispondrá las medidas necesarias para preservar el secreto que legalmente afecte a determinada documentación y el que por decisión motivada acuerde para determinadas actuaciones.

**Art. 89.** Uno. El Tribunal, de oficio o a instancia de parte, podrá acordar la práctica de prueba cuando lo estimare necesario y resolverá libremente sobre la forma y el tiempo de su realización, sin que en ningún caso pueda exceder de treinta días.

Dos. Si un testigo, citado por el Tribunal, sólo puede comparecer con autorización superior, la autoridad competente para otorgarla expondrá al Tribunal, en su caso, las razones que justifican su denegación. El Tribunal, oído este informe, resolverá en definitiva.

**Art. 90.** Uno. Salvo en los casos para los que esta Ley establece otros requisitos, las decisiones se adoptarán por la mayoría de los miembros del Pleno, Sala o Sección que participen en la deliberación. En caso de empate, decidirá el voto del Presidente.

Dos. El Presidente y los Magistrados del Tribunal podrán reflejar en voto particular su opinión discrepante, siempre que haya sido defendida en la deliberación, tanto por lo que se refiere a la decisión como a la fundamentación. Los votos particulares se incorporarán a la resolución y cuando se trate de sentencias, autos o declaraciones se publicarán con éstas en el *Boletín Oficial del Estado*.

**Art. 91.** El Tribunal podrá suspender el procedimiento que se sigue ante el mismo hasta la resolución de un proceso penal pendiente ante un Juzgado o Tribunal de este orden.

**Art. 92.** Uno. El Tribunal Constitucional velará por el cumplimiento efectivo de sus resoluciones. El Tribunal podrá disponer en la sentencia, o en la resolución, o en actos posteriores, quién ha de ejecutarla, las medidas de ejecución necesarias y, en su caso, resolver las incidencias de la ejecución.

Podrá también declarar la nulidad de cualesquiera resoluciones que contravengan las dictadas en el ejercicio de su jurisdicción, con ocasión de la ejecución de éstas, previa audiencia del Ministerio Fiscal y del órgano que las dictó.

Dos. El Tribunal podrá recabar el auxilio de cualquiera de las administraciones y poderes públicos para garantizar la efectividad de sus resoluciones que lo prestarán con carácter preferente y urgente.

Tres. Las partes podrán promover el incidente de ejecución previsto en el apartado 1, para proponer al Tribunal las medidas de ejecución necesarias para garantizar el cumplimiento efectivo de sus resoluciones.

Cuatro. En caso de advertirse que una resolución dictada en el ejercicio de su jurisdicción pudiera estar siendo incumplida, el Tribunal, de oficio o a instancia de alguna de las partes del proceso en que hubiera recaído, requerirá a las instituciones, autoridades, empleados públicos o particulares a quienes corresponda llevar a cabo su cumplimiento para que en el plazo que se les fije informen al respecto.

Recibido el informe o transcurrido el plazo fijado, si el Tribunal apreciase el incumplimiento total o parcial de su resolución, podrá adoptar cualesquiera de las medidas siguientes:

*a)* Imponer multa coercitiva de tres mil a treinta mil euros a las autoridades, empleados públicos o particulares que incumplieren las resoluciones del Tribunal, pudiendo reiterar la multa hasta el cumplimiento íntegro de lo mandado.

*b)* Acordar la suspensión en sus funciones de las autoridades o empleados públicos de la Administración responsable del incumplimiento, durante el tiempo preciso para asegurar la observancia de los pronunciamientos del Tribunal.

*c)* La ejecución sustitutoria de las resoluciones recaídas en los procesos constitucionales. En este caso, el Tribunal podrá requerir la colaboración del Gobierno de la Nación a fin de que, en los términos fijados por el Tribunal, adopte las medidas necesarias para asegurar el cumplimiento de las resoluciones.

*d)* Deducir el oportuno testimonio de particulares para exigir la responsabilidad penal que pudiera corresponder.

Cinco. Si se tratara de la ejecución de las resoluciones que acuerden la suspensión de las disposiciones, actos o actuaciones impugnadas y concurrieran circunstancias de especial transcendencia constitucional, el Tribunal, de oficio o a instancia del Gobierno, adoptará las medidas necesarias para asegurar su debido cumplimiento sin oír a las partes. En la misma resolución dará audiencia a las partes y al Ministerio Fiscal por plazo común de tres días, tras el cual el Tribunal dictará resolución levantando, confirmando o modificando las medidas previamente adoptadas.

**Art. 93.** Uno. Contra las sentencias del Tribunal Constitucional no cabe recurso alguno, pero en el plazo de dos días a contar desde su notificación las partes podrán solicitar la aclaración de las mismas.

Dos. Contra las providencias y los autos que dicte el Tribunal Constitucional sólo procederá, en su caso, el recurso de súplica, que no tendrá efecto suspensivo. El recurso podrá interponerse en el plazo de tres días y se resolverá, previa audiencia común de las partes por igual tiempo, en los dos siguientes.

**Art. 94.** El Tribunal, a instancia de parte o de oficio, deberá antes de pronunciar sentencia, subsanar o convalidar los defectos que hubieran podido producirse en el procedimiento.

**Art. 95.** Uno. El procedimiento ante el Tribunal Constitucional es gratuito.

Dos. El Tribunal podrá imponer las costas que se derivaren de la tramitación del proceso a la parte o partes que hayan mantenido posiciones infundadas, si apreciare temeridad o mala fe.

---

**Art. 95:** Acuerdo de 18 de junio de 1996, del Pleno del Tribunal Constitu- cional, sobre asistencia jurídica gratuita en los procesos de amparo constitucional.

Tres. El Tribunal podrá imponer a quien formulase recursos de inconstitucionalidad o de amparo, con temeridad o abuso de derecho, una sanción pecuniaria de 600 a 3.000 euros.

Cuatro. Los límites de la cuantía de estas sanciones o de las multas previstas en la letra a) del apartado 4 del artículo 92 podrán ser revisados, en todo momento, mediante ley ordinaria.

## TÍTULO VIII

### Del personal al servicio del Tribunal Constitucional

**Art. 96.** Uno. Son funcionarios al servicio del Tribunal Constitucional:

a) El Secretario General.

b) Los Letrados.

c) Los secretarios de justicia.

d) Los demás funcionarios que sean adscritos al Tribunal Constitucional.

Dos. Este personal se rige por lo establecido en esta Ley y en el Reglamento que en su desarrollo se dicte, y, con carácter supletorio, en lo que sea aplicable por la legislación vigente para el personal al servicio de la Administración de Justicia.

Tres. Los cargos y funciones relacionados en este artículo son incompatibles con cualquier otra función, destino o cargo, así como con el ejercicio profesional

y con la intervención en actividades industriales, mercantiles o profesionales, incluso las consultivas y las de asesoramiento. No obstante, podrán ejercer aquellas funciones docentes o de investigación que, a juicio del Tribunal, no resulten incompatibles con el mejor servicio de éste.

**Art. 97.** Uno. El Tribunal Constitucional estará asistido por Letrados que podrán ser seleccionados mediante concurso-oposición entre funcionarios públicos que hayan accedido a un cuerpo o escala del grupo A en su condición de Licenciados en Derecho, de acuerdo con el reglamento del Tribunal, o ser libremente designados en régimen de adscripción temporal,

---

**Art. 96:** L.O. 1/1985, de 18 de enero, de incompatibilidad del personal al servicio del Tribunal Constitucional, Consejo General del Poder Judicial, Tribunal de Cuentas, Administración de Justicia y del Consejo de Estado y de componentes del Poder Judicial.

por el mismo Tribunal, en las condiciones que establezca el reglamento, entre abogados, profesores de universidad, magistrados, fiscales o funcionarios públicos que hayan accedido a un cuerpo o escala del grupo A en su condición de Licenciados en Derecho. Los nombrados quedarán en su carrera de origen en situación de servicios especiales por todo el tiempo en que presten sus servicios en el Tribunal Constitucional.

Dos. Durante los tres años inmediatamente posteriores al cese en sus funciones, los letrados tendrán la incompatibilidad a que se refiere el artículo 81.3.

**Art. 98.** El Tribunal Constitucional tendrá un Secretario General elegido por el Pleno y nombrado por el Presidente entre los letrados, cuya jefatura ejercerá sin perjuicio de las facultades que corresponden al Presidente, al Tribunal y a las Salas.

**Art. 99.** Uno. Corresponde también al Secretario General, bajo la autoridad e instrucciones del Presidente:

*a*) La dirección y coordinación de los servicios del Tribunal y la jefatura de su personal.

*b*) La recopilación, clasificación y publicación de la doctrina constitucional del Tribunal.

*c*) La preparación, ejecución y liquidación de presupuesto, asistido por el personal técnico.

*d*) Las demás funciones que le atribuya el reglamento del Tribunal.

Dos. Las normas propias del Tribunal podrán prever supuestos de delegación de competencias administrativas del Presidente en el Secretario General. Del mismo modo podrá preverse la delegación de competencias propias del Secretario General.

Tres. Contra las resoluciones del Secretario General podrá interponerse recurso de alzada ante el Presidente, cuya decisión agotará la vía administrativa. Esta decisión será susceptible de ulterior recurso contencioso-administrativo.

**Art. 100.** El Tribunal tendrá el número de secretarios de justicia que determine su plantilla. Los secretarios de justicia procederán del Cuerpo de Secretarios Judiciales y las vacantes se cubrirán por concurso de méritos entre quienes pudieran ocupar plaza en el Tribunal Supremo.

---

**Art. 98:** Acuerdo de 5 de abril de 2017, de la Secretaría General del Tribunal Constitucional, por el que se delegan competencias en el Secretario General adjunto del Tribunal Constitucional.

**Art. 101.** Los Secretarios de Justicia ejercerán en el Tribunal o en las Salas la fe pública judicial y desempeñarán, respecto del Tribunal o Sala a la que estén adscritos, las funciones que la legislación orgánica y procesal de los Juzgados y Tribunales atribuye a los Secretarios.

**Art. 102.** El Tribunal Constitucional adscribirá a su servicio el personal de la Administración de justicia y demás funcionarios en las condiciones que fije su reglamento. Podrá, asimismo, contratar personal en régimen laboral para el desempeño de puestos que no impliquen participación directa ni indirecta en el ejercicio de las atribuciones del Tribunal Constitucional, y cuyas funciones sean propias de oficios, auxiliares de carácter instrumental o de apoyo administrativo. La contratación de este personal laboral se realizará mediante procesos de selección ajustados a los principios de igualdad, mérito y capacidad.

## DISPOSICIONES TRANSITORIAS

**1.ª** Uno. Dentro de los tres meses siguientes a la fecha de la entrada en vigor de la presente Ley, el Congreso de los Diputados, el Senado, el Gobierno y el Consejo General del Poder Judicial elevarán al Rey las propuestas de designación de los Magistrados del Tribunal Constitucional. Este plazo se interrumpirá para las Cámaras por el tiempo correspondiente a los períodos intersesiones.

Dos. El Tribunal se constituirá dentro de los quince días siguientes a la fecha de publicación de los últimos nombramientos, si todas las propuestas se elevasen dentro del mismo período de sesiones. En otro caso se constituirá y comenzará a ejercer sus competencias, en los quince días siguientes, al término del período de sesiones dentro del que se hubiesen efectuado los ocho primeros nombramientos, cualquiera que sea la razón que motive la falta de nombramiento de la totalidad de los Magistrados previstos en el artículo quinto de esta Ley.

---

**Art. 101:** Reglamento Orgánico del Cuerpo de Secretarios Judiciales, aprobado por R.D. 1608/2005, de 30 de diciembre.

**Art. 102:** Reglamento de ingreso, provisión de puestos de trabajo y promoción del personal funcionario al servicio de la Administración de Justicia, aprobado por R.D. 1451/2005, de 7 de diciembre.

Tres. En el primer concurso-oposición la selección de los Letrados del Tribunal Constitucional se realizará por una Comisión del propio Tribunal designada por el Pleno de éste y presidida por el Presidente del Tribunal.

2.ª Uno. Los plazos previstos en esta Ley para interponer el recurso de inconstitucionalidad o de amparo o promover un conflicto constitucional comenzarán a contarse desde el día en que quede constituido el Tribunal de acuerdo con la disposición transitoria anterior, cuando las Leyes, disposiciones, resoluciones o actos que originen el recurso o conflicto fueran anteriores a aquella fecha y no hubieran agotado sus efectos.

Dos. En tanto no sean desarrolladas las previsiones del artículo 53.2 de la Constitución para configurar el procedimiento judicial de protección de los derechos y libertades fundamentales se entenderá que la vía judicial previa a la interposición del recurso de amparo será la contencioso-administrativa ordinaria o la configurada en la Sección segunda de la Ley 62/1978, de 26 de diciembre, sobre protección jurisdiccional de los derechos fundamentales, a cuyos efectos el ámbito de la misma se entiende extendido a todos los derechos y libertades a que se refiere el expresado artículo 53.2 de la Constitución.

3.ª Uno. Los sorteos a que se refiere la disposición transitoria novena de la Constitución se efectuarán dentro del cuarto mes anterior a la fecha en que se cumplen, respectivamente, los tres o los seis años de aquella otra en que se produjo la inicial designación de los Magistrados del Tribunal Constitucional.

Dos. No será aplicable la limitación establecida en el artículo 16.2 de esta Ley a los Magistrados del Tribunal que cesaran en sus cargos, en virtud de lo establecido en la disposición transitoria novena de la Constitución, a los tres años de su designación.

4.ª El Gobierno habilitará los créditos necesarios para el funcionamiento del Tribunal Constitucional hasta que este disponga de presupuesto propio.

5.ª En el caso de Navarra, y salvo que de conformidad con la disposición transitoria cuarta de la Constitución ejerciera su derecho a incorporarse al Consejo General Vasco o al régimen autonómico vasco que le sustituya, la legitimación para suscitar los conflictos previstos en el artículo 2.º1.*c*), y para promover el recurso de inconstitucionalidad que el artículo 32 confiere a los órganos de las Comunidades Autónomas se entenderá conferida a la Diputación y al Parlamento Foral de Navarra.

## DISPOSICIONES ADICIONALES

**1.ª** Uno. El número de Letrados seleccionados mediante concurso-oposición a los que se refiere el artículo 97.1 no podrá exceder de dieciséis.

Dos. La plantilla del personal del Tribunal Constitucional sólo podrá ser modificada a través de la Ley de Presupuestos Generales del Estado.

**2.ª** Uno. El Tribunal elaborará su presupuesto, que figurará como una sección dentro de los Presupuestos Generales del Estado.

Dos. El Secretario General, asistido de personal técnico, asumirá la preparación, ejecución y liquidación de presupuesto.

**3.ª** Uno. Las referencias a las provincias contenidas en esta Ley se entenderán realizadas a las islas en las Comunidades Autónomas de las Illes Balears y Canarias.

Dos. Además de los sujetos legitimados de acuerdo con el artículo 75 ter.uno lo estarán también, frente a leyes y disposiciones normativas con rango de Ley de la Comunidad Autónoma de Canarias, tres Cabildos, y de la Comunidad Autónoma de las Illes Balears, dos Consejos Insulares, aun cuando en ambos casos no se alcance el porcentaje de población exigido en dicho precepto.

**4.ª** Uno. Los conflictos de competencia que se puedan suscitar entre las instituciones de la Comunidad Autónoma del País Vasco y las de cada uno de sus Territorios Históricos se regirán por lo dispuesto en el artículo 39 de su Estatuto de Autonomía.

Dos. En el ámbito de la Comunidad Autónoma del País Vasco, además de los sujetos legitimados a que se refiere el artículo 75 ter.uno, lo estarán también, a los efectos de los conflictos regulados en el artículo 75 bis de esta Ley, las correspondientes Juntas Generales y las Diputaciones Forales de cada Territorio Histórico, cuando el ámbito de aplicación de la ley afecte directamente a dicha Comunidad Autónoma.

**5.ª** Uno. Corresponderá al Tribunal Constitucional el conocimiento de los recursos interpuestos contra las Normas Forales fiscales de los Territorios de Álava, Guipúzcoa y Vizcaya, dictadas en el ejercicio de sus competencias exclusivas garantizadas por la disposición adicional primera de la Constitución y reconocidas en el artículo 41.2.*a*) del Estatuto de Autonomía para el País Vasco (Ley Orgánica 3/1979, de 18 de diciembre).

El Tribunal Constitucional resolverá también las cuestiones

que se susciten con carácter prejudicial por los órganos jurisdiccionales sobre la validez de las referidas disposiciones, cuando de ella dependa el fallo del litigio principal.

El parámetro de validez de las Normas Forales enjuiciadas se ajustará a lo dispuesto en el artículo veintiocho de esta Ley.

Dos. La interposición y sus efectos, la legitimación, tramitación y sentencia de los recursos y cuestiones referidos en el apartado anterior, se regirá por lo dispuesto en el Título II de esta Ley para los recursos y cuestiones de inconstitucionalidad respectivamente.

Los trámites regulados en los artículos 34 y 37 se entenderán en su caso con las correspondientes Juntas Generales y Diputaciones Forales.

En la tramitación de los recursos y cuestiones regulados en esta disposición adicional se aplicarán las reglas atributivas de competencia al Pleno y a las Salas de los artículos diez y once de esta Ley.

Tres. Las normas del Estado con rango de ley podrán dar lugar al planteamiento de conflictos en defensa de la autonomía foral de los Territorios Históricos de la Comunidad Autónoma del País Vasco, constitucional y estatutariamente garantizada.

Están legitimadas para plantear estos conflictos las Diputaciones Forales y las Juntas Generales de los Territorios Históricos de Álava, Bizkaia y Gipuzkoa, mediante acuerdo adoptado al efecto.

Los referidos conflictos se tramitarán y resolverán con arreglo al procedimiento establecido en los artículos 63 y siguientes de esta Ley.

# ÍNDICE ANALÍTICO

— De la celebración de tratados, art. 93 CE.
— De productos comerciales, art. 51.3 CE.
— Del Congreso a las propuestas de referéndum, art. 92.2 CE.
— Límites a leyes de bases, art. 83 CE.
— Para declaración del estado de excepción, art. 116.3 CE.

— Para prórroga del estado de alarma, art. 116.2 CE
— Para refundir textos legales, art. 82.5 CE.

**AYUNTAMIENTOS**
— Art. 140 CE.
— V. «Corporaciones Locales», «Elecciones locales», «Municipios», etc.

**B**

**BALEARES**
— Circunscripciones para elección de Senadores, art. 69.3 CE.
— Consejeros insulares, art. 141.4 CE.
— V. «Elecciones locales».

**BANCA**
— Competencia del Estado para fijar las fases de su ordenación, art. 149.1.11.ª CE.

**BANDAS ARMADAS**
— Investigación de actuación y suspensión de derechos, art. 55.2 CE.

**BANDERA**
— De España, art. 4.1 CE.
— De las Autonomías, art. 4.2 CE.

**BIBLIOTECAS**
— Competencia de las Comunidades Autónomas, art. 148.1.15.ª CE.
— Competencia del Estado, art. 149.1.28.ª CE.

**BIENES COMUNALES**
— Art. 132.1 CE.

**BIENES DE DOMINIO PÚBLICO**
— Art. 132.1 CE.

**BIENESTAR GENERAL**
— Art. 129 CE.

**BUQUES, ABANDERAMIENTO DE**
— Art. 149.1.20.ª CE.

**C**

**CABLES AÉREOS Y SUBMARINOS**
— Competencia del Estado, art. 149.1.2.ª CE.

**CALAMIDAD PÚBLICA**
— Deberes de los ciudadanos, art. 30.4 CE.

**CALIDAD DE VIDA**
— Art. 45.2 CE.

**CÁMARAS LEGISLATIVAS**
— Adopción de acuerdos, art. 79.1 CE.

— Asunción de funciones y competencias a la entrada en vigor de la Constitución, disp. transitoria 8.ª CE.
— Autorización para la inculpación o procesamiento de sus miembros, art. 71.2 CE.
— Carácter público de las sesiones plenarias y sus excepciones, art. 80.
— Comisiones: de investigación, art. 76.1 CE; legislativas permanentes, art. 75.2 CE; Mixta Congreso-Senado, art. 74 CE.

**D**

— Libertad sindical, art. 28.1 CE.

**DERECHOS DEL NIÑO**

— Art. 39.4 CE.

**DERECHOS HISTÓRICOS DE LOS TERRITORIOS FORALES**

— Disp. adicional 1.ª CE.

**DERECHOS Y LIBERTADES FUNDAMENTALES**

— Contenido esencial, art. 53.1 CE.
— Fundamento de la paz social, art. 10.1 CE.
— Igualdad en todo el territorio, art. 139.1 CE.
— Informarán la legislación, art. 53.3 CE.
— Interpretación, art. 10.2 CE.
— Protección, arts. 53.2 y 54 CE.
— Suspensión: general, art. 55.1; individual, art. 55.2 CE.
— Tratados internacionales, art. 94.1 CE.

**DESARROLLO**

— De derechos fundamentales y libertades públicas, art. 81.1 CE.
— De la composición y funciones del Consejo de la planificación, art. 131.2 CE.
— De los principios rectores de la política social y económica, art. 53.3 CE.
— De sectores económicos, art. 130 CE.
— Político, social, económico y cultural, art. 48 CE.
— Regional y sectorial, art. 131 CE.

**DESEMPLEO**

— Art. 41 CE.

**DETENCIÓN**

— Derechos del detenido, arts. 17 y 24.2 CE.
— Prisión provisional, art. 17.4 CE.
— Regulación de la preventiva, art. 17.2 CE.
— Suspensión de derechos, art. 55.2 CE.

— V. «*Habeas corpus*», «Privación de libertad» y «Tutela judicial efectiva».

**DEUDA PÚBLICA**

— Art. 135.1 CE.
— Competencia del Estado, art. 149.1.14.ª CE.

**DILIGENCIAS JUDICIALES Y POLICIALES**

— Asistencia de abogado, art. 17.3 CE.

**DIMISIÓN DEL GOBIERNO**

— Art. 117 CE.

**DIPUTACIONES PERMANENTES**

— De cada Cámara, art. 78.1 CE.
— En situaciones excepcionales, art. 116 CE.
— Funciones, art. 78.2 CE.
— Información a las Cámaras, art. 78.4 CE.
— Número de miembros, art. 78.1 CE.
— Presidencia, art. 78.2 CE.

**DIPUTACIONES PROVINCIALES**

— Gobierno y administración de las provincias, art. 141.2 CE.
— Iniciativa del proceso autonómico, art. 143.2 CE.

**DIPUTADOS**

— Asignación económica, art. 71.4 CE.
— Control judicial de sus actas y credenciales, art. 70.2 CE.
— Duración del mandato, 68.3 CE.
— Elecciones, art. 68 CE.
— Inelegibilidad e incompatibilidad, arts. 67.1 y 70.1 CE.
— Inmunidad e inviolabilidad, art. 71 CE.
— Procesamiento, art. 71.2 y 3 CE.
— Voto personal e indelegable, art. 79.3 CE.
— V. «Cámaras legislativas», «Congreso», «Cortes Generales» y «Elecciones».

E

**F**

**G**

**H**

I

**J**

## L

**M**

## N

## O

**P**

R

**S**